BuddhAll

BuddhAll.

All is Buddha.

BuddhAll

阿彌陀佛

不空羂索觀音

千手千眼觀音

準提菩薩

大慈的代表—彌勒菩薩

卡雀佛母壇城圖

咕嚕咕咧佛母

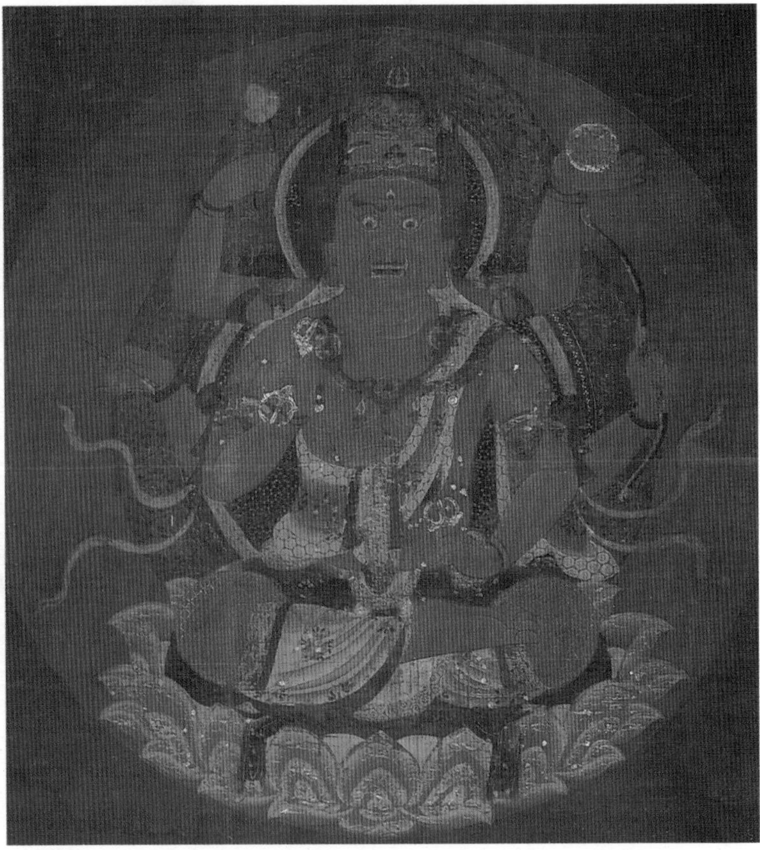

愛染明王

佛教小百科 16

Encyclopedia of Buddhism

好的人緣，是成就事情的重要關鍵。
修習懷愛本尊的法門，增進威德、懷愛、和合、調伏的力量，化解各種人際關係的煩惱障礙。

令具威德懷愛本尊

主編 洪啓嵩

BuddhAll

目錄

第1篇 總論

第2篇 令具威德懷愛本尊

出版緣起

佛法的深妙智慧，是人類生命中最閃亮的明燈，不只在我們困頓、苦難時，能撫慰我們的傷痛；更在我們幽暗、徘徊不決時，導引我們走向幸福、光明與喜樂。

佛法不只帶給我們心靈中最深層的安定穩實，更增長我們無盡的智慧，來覺悟生命的實相，達到究竟圓滿的正覺解脫。而在緊張忙碌、壓力漸大的現代世界中，讓我們的心靈，更加地寬柔、敦厚而有力，讓我們具有著無比溫柔的悲憫。

在進入二十一世紀的前夕，我們需要讓身心具有更雄渾廣大的力量，來接受未來的衝擊，並體受更多彩的人生。而面對如此快速遷化而多元無常的世間，我們也必須擁有十倍速乃至百倍速的決斷力及智慧，才能洞察實相。

同時在人際關係與界面的虛擬化與電子化過程當中，我們也必須擁有更廣大的心靈空間，來使我們的生命不被物質化、虛擬化、電子化。因此，在大步邁向新世紀之時，如何讓自己的心靈具有強大的覺性、自在寬坦，並擁有更深廣的慈悲能力，將是人類重要的課題。

生命是如此珍貴而難得，由於我們的存在，所以能夠具足喜樂、幸福，因自覺解脫而能離苦得樂，更能如同佛陀一般，擁有無上的智慧與慈悲。這種菩提種子的苗芽，是生命走向圓滿的原力，在邁入二十一世紀時，我們必須更加的充實。

因此，如何增長大眾無上菩提的原力，是〈全佛〉出版佛書的根本思惟。所以，我們一直擘畫最切合大眾及時代因緣的出版品，期盼讓所有人得到真正的菩提利益，以完成〈全佛〉（一切眾生圓滿成佛）的究竟心願。

《佛教小百科》就是在這樣的心願中，所規劃提出的一套叢書，我們希望透過這一套書，能讓大眾正確的理解佛法、歡喜佛法、修行佛法、圓滿佛法，讓所有的人透過正確的觀察體悟，使生命更加的光明幸福，並圓滿無上的菩提。

因此，《佛教小百科》是想要完成介紹佛法全貌的拚圖，透過系統性的分門別類，把一般人最有興趣、最重要的佛法課題，完整的編纂出來。我們希望讓《佛教小百科》成爲人手一册的隨身參考書，正確而完整的描繪出佛法智慧的全相，並提煉出無上菩提的願景。

佛法的名相眾多，而意義又深微奧密。因此，佛法雖然擁有無盡的智慧寶藏，對人生深具啟發與妙用，但許多人往往困於佛教的名相與博大的系統，而難以受用其中的珍寶。

其實，所有對佛教有興趣的人，都時常碰到上述的這些問題，而我們在學佛的過程中，也不例外。因此，我們希望《佛教小百科》，不僅能幫助大眾了解佛法的名詞及要義，並且能夠隨讀隨用。

《佛教小百科》這一系列的書籍，期望能讓大眾輕鬆自在並有系統的掌握佛教的知識及要義。透過《佛教小百科》，我們如同掌握到進入佛法門徑鑰匙，得以一窺佛法廣大的深奧。

《佛教小百科》系列將導引大家，去了解佛菩薩的世界，探索佛菩薩的外相、內義，佛教曼荼羅的奧祕，佛菩薩的真言、手印、持物，佛教的法具、宇宙觀……等等，這一切與佛教相關的命題，都是我們依次編纂的主題。透過每一個主題，我們將宛如打開一個個窗口一般，可以探索佛教的真相及妙義。

而這些重要、有趣的主題，將依次清楚、正確的編纂而出，讓大家能輕鬆的了解其意義。

在佛菩薩的智慧導引下，全佛編輯部將全心全力的編纂這一套《佛教小百科》系列叢書，讓這套叢書能成爲大家身邊最有效的佛教實用參考手册，幫助大家深入佛法的深層智慧，歡喜活用生命的寶藏。

令具威德懷愛本尊——序

幫助所有的眾生，在世間的生活中，能夠具足幸福光明；而在出世間的修行中，能夠圓滿解脫；是諸佛菩薩的心願。而使所有的眾生，能夠共建清淨吉祥的樂土，更是他們對世間的莊嚴的願景。但如何圓滿這些心願呢？這需要以微妙的方便來攝引眾生。

無上菩提、眾生成佛是佛法的核心，諸佛菩薩為了成就無上菩提，以大慈大悲的心力，擘畫出莊嚴弘偉的實相願景，並以智慧為導，來圓滿實踐眾生全佛的願景。在這過程中，如何攝受眾生，使他們體悟這偉大願景，而共同發心成就，成為菩薩行的重要方便。

因此，菩薩發起四弘誓願，誓度眾生成佛；而如何以布施、愛語、利行、同事等四攝方便，來導引眾生共同投向無上菩提大業，並以六波羅蜜來廣度眾生，實踐所有的菩薩行，便成爲佛法的重要課題。

要導引眾生圓成無上菩提的願景，需要眾生心生歡喜、敬愛，進而心悅誠服的信受實踐。因此，四攝、六度的法門，便成爲一切菩薩行的根本。而在攝度眾生的過程中，眾生有種種的世間、出世間的需求，必須得到滿足，所以也引生了許多的法門。

例如在密法中，就將這類能攝受眾生的懷愛法門，分成四類修法。

1.信伏敬愛：這是折伏他人，使他們隨順的法門。

2.和合敬愛：使世間夫婦相互敬愛的法門。

3.鈎召敬愛：鈎召他人，使他們生起敬愛的法門。

4.悉地敬愛：攝受無明眾生，歸入本覺佛果的法門。

這些法門包含了世間與出世間的懷愛法門，能使修行者具足威德，受到眾生的敬愛，而幫助眾生成就世間的幸福與出世間的解脫。

諸佛菩薩導引眾生成就無上菩提，因此基本上的都具有懷愛的特質。但在緣起及法門上，有些佛菩薩特別彰顯攝受某一類型眾生的特德或法門。因此在因緣上，與某些眾生特別相應，或感受特別具有親和力、攝受力的佛菩薩，或具有特別本願或法門的本尊，都常被視為增長威德懷愛的本尊。除此之外，在密教中，西方蓮華部的諸尊，皆被視為具有懷愛特質的本尊。因此，像阿彌陀佛、觀世音菩薩等，也包含在此類本尊當中。

修習懷愛本尊的法門，在世間上不但能增加威德、懷愛，改善人際關係，在夫妻家庭、親朋好友間，都能增進和諧。而對於各類領導者，也都能增強領導力、親和力，使大眾樂於信服。在出世間中，則能攝受各種智慧、慈悲力量，並使護法樂於守護，攝取無上菩提。因此，懷愛法門，是讓我們在世間及出世間順利圓滿的重要方便，能讓修行人事半功倍，迅速成就世間、出世間的幸福光明。

因此，希望一切的威德懷愛本尊，能幫助所有的讀者及生命共同成就懷愛法門，讓大家在世間的生活充滿幸福快樂，在出世間成就圓滿解脫。最後祈願威德懷愛本尊，能加持人間及兩岸充滿和諧，讓兩岸及人間和平，眾生圓滿成佛。

第1篇

總論

在佛法中，諸佛菩薩以種種的善巧方便，來使眾生世間、出世間的心願滿足，乃至入於究竟圓滿的佛智。

而在諸佛菩薩攝受眾生的無量方便中，總約而言，可統攝爲「四攝法」及「六波羅蜜」，到了密法之後，更發展成四種法中的敬愛法，或加上五種法中的鈎召法，除了可以使我們於世間得到眾人歡喜敬愛，常逢善緣貴人之外，對菩薩行者而言，更能集聚福德資糧，攝受鈎召眾生，入於佛智。

如何攝受眾生，使眾生在世間的生活與出世間的修行上得到圓滿，是佛菩薩的微妙方便。因此在大乘佛法中，就發展出四攝與六波羅蜜的法門，來攝受一切的眾生，並幫助他們安穩幸福的走向成佛之道。

四攝及六波羅蜜法門，都是菩薩行者必須學習、實踐的，透過這些法門，才能圓滿菩薩的共同誓願—四弘誓願：

眾生無邊誓願度，煩惱無盡誓願斷，

法門無量誓願學，佛道無上誓願成。

也才能以具足智慧、慈悲的無上菩提心，來擘畫眾生成佛及使一切世間成爲清淨樂土的偉大願景。

菩薩要幫助眾生成就世間與出世間的幸福光明，需要得到眾生的信服、歡喜，如此才能導引他們走向光明的成佛之道。因此具足威德與懷愛，讓眾生精進隨順，是佛菩薩的微妙方便。而這些微妙方便，基本上是以慈悲智慧的菩提心爲根本，然後以四攝、六波羅蜜等菩薩妙行而圓成。因此，在本書中首先探討四攝與六波羅蜜法門，來體悟佛菩薩具足威德及懷愛力量的根本原因。

第一章 善巧攝受一切眾生的方便

⊙菩薩攝受眾生的四種方法

四攝法(梵名 catvāri saṃgraha-vastūni)是菩薩攝受眾生的四種方法,即布施、愛語、利行、同事。

菩薩以此四法讓眾生生起歡喜,善巧攝引,使眾生度脫。又稱爲四事攝法、四攝事、四攝初門、四攝行,簡稱四事、四法。

四攝法是指:

(1)布施:又作布施攝(梵名 dāna-saṃgraha),將財物分給他人稱爲「布」

，捨己爲人名爲「施」，又可分爲「財施」和「法施」。

(2)愛語：詳作愛語攝。令他人愛樂之言語稱爲愛語，依眾生之根性而善言勸慰，以此攝引有情使入於正道。

(3)利行：又作利行攝。勸人修學正行，或依自身、口、意三業所起之行善，令一切眾生均霑利益，稱之爲利行。以此攝受提醒令發心。

(4)同事：又作同事攝。是指普同眾生之事業、利益等，與其共苦樂，以此引攝，令眾生入於道。

在《瑜伽論》、《大莊嚴論》中，提及四攝的相互關係：布施攝是隨攝方便，先布施種種財物，饒益有情，使其聽受所說法，奉行教法，故爲隨攝方便行。愛語是能攝方便，以和言愛語攝受有情入於正法。利行是令入方便，先教授正法，由行利行，令有情出不善處而入善處，令過度生死入涅槃道。同事是隨轉方便，與眾生共同修治正法事業，行正道，令隨時轉向正道。

而相應於此四攝法，密法更將其形像具體化，成爲四攝菩薩，即金剛鉤（Vajra-aṅkuśa）、金剛索（Vajra-pāśa）、金剛鏁（Vajra-sphoṭa）、金剛鈴（

Vajra-āveśa）等四菩薩。

密法不只將四攝法配屬此四攝菩薩，在金剛界曼荼羅中，爲表現五佛攝化之德，也將四者配置於四方。五大月輪中的諸尊均在一塔婆內，而四攝菩薩之座則位在塔婆的四門。此乃表示此等諸尊住於自內證之德，同時出四門、顯現化他之德。

《金剛頂瑜伽三十七尊出生義》說：「至如遵眾生界入六度門，則從一切如來體性海四智之中，而生金剛鉤、索、鏁、鈴等四攝菩薩焉，以能召請、引持、堅留、歡喜之事。」

鉤、索、鏁、鈴是依譬喻而立名。即如人捕魚，先以鉤釣之，次以索引之，再以鏁縛之，其後振鈴而生歡喜心；猶如菩薩以方便鉤召眾生（鉤），將其引入法界宮（索）、並縛於其中（鏁），其後方生歡喜心（鈴）。

⊙度化眾生的萬行——六波羅蜜

六波羅蜜（梵名ṣaṭ pāramitā）又稱作六度，是總攝大乘菩薩道之實踐法門。「波羅蜜」具稱「波羅蜜多」，意譯爲「到彼岸」或「度」。修此六種法門，則可度生死海，到達涅槃常樂的彼岸，故云六度。在《六度集經》卷一中說：「眾祐知之，爲說菩薩六度無極難逮高行，疾得爲佛。何謂爲六？一曰布施，二曰持戒，三曰忍辱，四曰精進，五曰禪定，六曰明度無極高行。」

(1)布施波羅蜜（dāna-pāramitā）：又稱檀那波羅蜜、陀那波羅蜜，或布施到彼岸、施波羅蜜、布施度無極。可分爲財施、法施、無畏施三種。

(2)持戒波羅蜜（śīla-pāramitā）：又稱尸羅波羅蜜或戒波羅蜜、戒度無極。指持守律儀戒、攝善法戒、饒益有情戒，能對治惡業令身心清淨。

(3)忍（辱）波羅蜜（kṣā）：又稱羼提波羅蜜或安忍波羅蜜、忍辱度無極。指修耐怨害忍、安受苦忍、諦察法忍，能對治瞋恚，使心安住。

(4)精進波羅蜜（vīrāya-pāramitā）：又稱惟逮波羅蜜或精進度無極。有身精進、心精進二種。前者指於身勤修善、行道、禮誦、講說、勸助、開化，或指勤修布施、持戒的善法；後者指於心勤行善道，心心相續，或指勤修忍辱、禪定、智慧。精進能對治懈怠，生長善法。

(5)禪定波羅蜜（dhyāna-pāramitā）：又稱禪那波羅蜜或靜慮波羅蜜、禪度無極。指修現法樂住靜慮、引發神通靜慮、饒益有情靜慮，能對治亂意，攝持內意。

(6)智慧波羅蜜（prajñā-pāramitā）：又稱般若波羅蜜或明度無極——是指能圓滿一切世間及出世間之智慧，為六波羅蜜之眼目。

《解深密經》卷四中說，六波羅蜜的前三度為饒益有情，由布施故，攝受資具，饒益有情。由持戒故，不行損害逼迫惱亂，饒益有情。由忍辱故，能忍受他人所加的損害逼迫惱亂，饒益有情。後三者是對治諸煩惱，即由精進故，一切煩惱雖未調伏，但能勇猛修諸善品，不為煩惱所傾動。由靜慮故，永伏煩惱。由般若故，能破除隨眠煩惱。

第二章 能得眾人愛敬的懷愛法

到了密教發展時期，四種密法特別針對眾生之不同需求，即演變成：

⑴息災法（śāntika）：爲消除外在的災難、障害、煩惱及罪障等的修法。

⑵增益法（puṣṭikarman）：爲增進世間性的幸福及修行上的福德的修法。

⑶敬愛法（vaśīkarana）：爲祈求獲得親睦及尊敬的修法。

⑷調伏法（abhicāraka）：爲積極化解怨敵等災難、泯滅自他煩惱的修法。

密教中，這四種法除了用以區分修法的目的，及其所能達成的世間願望外，也顯示出成就佛道的修行法門之義。在藏密中則略稱此四法爲息、增、懷、誅。

在此四種法之中，特別彰顯攝受、鉤召眾生之方便者，即是敬愛法。

而除了這四法之外，若再加上鈎召法（ākarṣa）就成爲五種法。

五種法係與金剛界五部、五智之內證相應之修法，其爐形、爐文、色、護摩木、起首時、方向及坐法等，皆有不同，根據《瑜伽護摩軌》、《十一面軌》所說，如左表所列：

種類	息災	調伏	增益	敬愛	鉤召
梵語	śāntika 扇底迦	abhicāraka 阿毗遮嚕迦	puṣṭika 布瑟置迦	vaśikaraṇa 伐施迦羅拏	ākarṣaṇī 阿羯沙尼
五部	佛部	金剛部	寶部	蓮華部	羯摩部
五佛	大日如來	不動佛	寶生佛	阿彌陀佛	不空成就如來
五智	法界體性	大圓鏡	平等性	妙觀察	成所作
爐形	正圓	三角	正方	蓮花葉	金剛形
爐文	輪	獨股	三股	蓮花	鉤
色	白	黑	黃	赤	赤
護摩木	甘木	苦木	果木	華木	刺木
起首時	初夜	中日	初日	夜分	一切時
方向	北	南	東	西	諸方
坐法	吉祥	蹲踞	全跏	賢	半跏

於五種法中，就其所出生之功德而言，每一法均含有其他四法的功德，所以

又稱為五法互具。如息災法，修行此法，可除貪、瞋、煩惱或止息國家之災難，此為息災之意義。

除貪瞋煩惱之無明闇時，又可增長定慧之功德及外在之種種福德，此即增益之意義。而諸功德善業得以增長時，則漸可摧破無明煩惱、滅除一切災殃，此為調伏之意義。

又依此等功德善業，而無戰亂諍鬥之事，並得諸佛菩薩之庇護，此為敬愛之意義。由此等功德，能使諸善集生、萬法現前，此為鉤召之意義。如此一法即能含其餘四法之功德。

敬愛法（梵名 vaśīkaraṇa，藏名 dbaṅ-du byed-pa），音譯為伐施迦囉拏，為密教中，為求得敬愛而修的法，稱為敬愛法，又稱慶愛法、愛敬法。在藏密中，稱此法為「懷法」或「懷愛法」。即為祈求和合親睦的祕法。

在《准提軌》中說：「伐施迦囉拏法者，若欲令一切人見者，發歡喜心，攝伏鉤召，若男若女，天龍八部、藥叉女，及攝伏難調伏鬼神，有諸怨敵，作不饒益事，皆令迴心歡喜，諸佛護念加持，是名攝召敬愛法。」

敬愛法中，又可分爲折伏悖己者令其隨順的「信伏敬愛」；令世間夫婦互相敬愛的「和合敬愛」；以及鉤召不隨順己心者，令其生起敬愛的「鉤召敬愛」；乃至無明眾生歸入本覺佛果的「悉地敬愛」。在《四曼義口決》中說：「我身、心、理、智、煩惱、菩提，各別鬥諍，解境即心、理即智，煩惱即菩提，色即心，心即色等圓融、無礙義時，無彼此鬥諍，皆和通，是敬愛義也。」

以上各法其本尊各不相同，如愛染明王法即其中之一種。

此法原本是從息災、增益、調伏三種法中的增益法所分出。《七俱胝佛母准提大明陀羅尼經》、《大摩里支菩薩經》、《火吽供養儀軌》、《無二平等最上瑜伽大教王經》等將之列爲四種法之一，《金剛頂瑜伽護摩儀軌》、《一切如來大祕密王未曾有最上微妙大曼荼羅經》將其列爲五種法之一。

敬愛法是爲了想要得到佛菩薩及聖眾加被，或想要得到眾人愛敬所修的護摩法。修此法不但於世間可得眾人歡喜敬愛，於菩提道上亦可使修行者集聚福德資糧，以得人敬愛而成就菩薩大行。

此法爲蓮華部三昧，故護摩法壇用蓮華形壇，色法以赤色行之，以蓮華部之諸尊為本尊。修行者向西方箕坐，箕坐是交脛豎膝，並以右足踏左足上，焚燒之薪木以花木為主。《祕藏記》云：「慶愛法以後夜時起首、法依四種壇法，行者面向西方箕坐，二足並踏，觀我身遍法界，成赤色八葉蓮華。」

鉤召法，鉤召（梵語ākarṣaṇa 或ākarṣaṇī），音譯作阿羯沙尼、翳醯呬。又作鉤召法、攝召法、請召法、招召法。為密宗四種修法之一，又為五種修法之一，係為召來人心所修之諸種祕法。於五部之中，配於羯磨部。此法是從原有的四種修法中之敬愛法衍生出者，因為其能鉤召眾生之心，又能鉤召三惡趣之有情，令其生於善處，猶如鉤之牽引諸物，故有此稱。若與敬愛法並用時，稱鉤召敬愛法。

第三章 常見的懷愛本尊持物

在敬愛法的本尊中，其手持之物代表鈎召、攝受一切眾生，使其歡喜，以下介紹常見的敬愛鈎召本尊持物。

1.鈎：（梵語 aṅkuśa）：又稱鐵鈎、倶尸鐵鈎。與「錐」同爲調御象之鐵質器具。如《中阿含》卷三十五〈算術目揵連經〉中說：「此御象者，亦漸次第調御成訖，謂因鈎故。」此外，鈎又爲密宗法器之一。

密法中解釋鈎字爲普集、召集之義，而置於四攝菩薩中之第一位金剛鈎菩薩。

千手觀音之四十手中，左一手持鈎，稱爲鐵鈎手或倶尸鐵鈎手。又諸佛菩薩天神等像之三昧耶形中，也有金剛鈎、五鈷鈎、獨鈷鈎、雙鈎等。

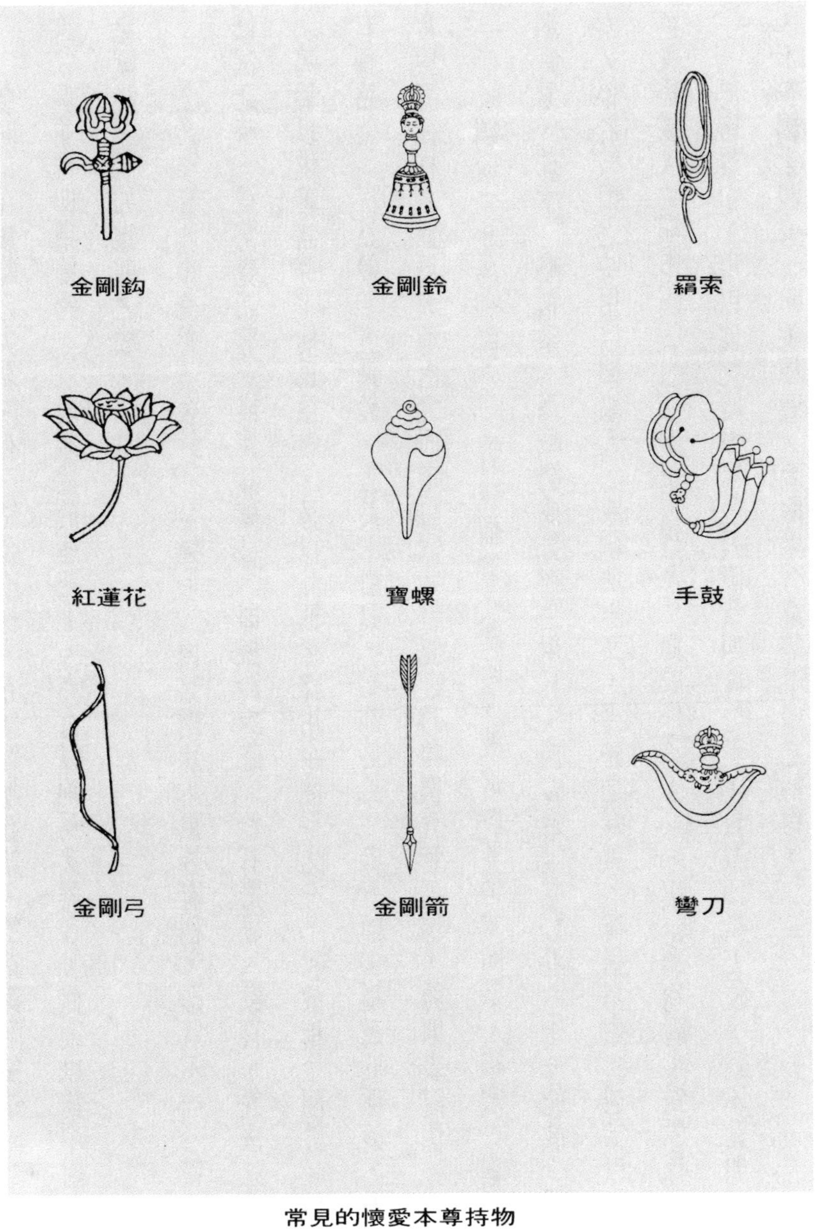

常見的懷愛本尊持物

金剛鉤在鐵鉤之尖端附有三鈷金剛杵，五鈷鉤附五鈷，獨鈷鉤附獨鈷。金剛鉤二個並排即稱雙鉤，一般多置於蓮花上。亦有以鉤爲武器者，此或以鉤中附有金剛杵，狀如鐵戟之故。

2.鈴：又作金剛鈴、金鈴。呈鐘形，內繫銅珠，頂端有柄，形狀不一。密教修法之時，爲驚覺諸尊，或使其歡喜，即振鈴發聲。鈴有驚覺、歡喜、說法三義。鳴鈴以供養諸尊，稱爲振鈴。又以其柄係採用金剛杵之一部，故稱金剛鈴。鈴有獨鈷鈴、三鈷鈴、五鈷鈴、寶鈴、塔鈴（率都婆鈴）等五類，稱爲五種鈴，通常與五種杵共置於大壇上之固定位置。「五」乃象徵五智五佛，鈴即表說法。

3.羂索（梵語 pāśa），音譯播捨、皤賒、波捨。又稱金剛索、羂索、羂網羂寶索、珠索。略稱索。爲戰鬥或狩獵之用具。據《慧琳音義》卷六十一記載：羂索，係於戰鬥之時用以羂取人，或羂取馬頭、馬腳之繩索，俗稱搭索。通常以五色線搓成，一端附鐶，另一端附半獨股杵（獨股杵之半形）；或兩端均附半獨股杵。

於密教中，用以度化剛強眾生及降伏四魔之具，象徵四攝方便，爲不動明王、不空羂索觀音、千手觀音、金剛索菩薩等手中之持物。

如不動明王右手持利劍，左手持羂索，即表示先以真淨菩提心中四攝之索，繫縛一切眾生而鉤召攝引之，復以菩提心中之智劍斷滅眾生之根本無明種子。《大日經疏》卷五云：「所以持利刃以羂索者，承如來忿怒之命，盡欲殺害一切眾生也。羂索是菩提心中四攝方便，以此執繫不降伏者，以利慧刃斷其壽無窮之命，令得大空生也。」

四攝菩薩中之金剛索菩薩亦以右手持羂索，表示羂取一切眾生入於佛智。千手觀音亦有羂索手。

此外，在《千光眼觀自在菩薩祕密法經》、《大悲心陀羅尼經》中記載，千手觀音的四十手隨著眾生根機，相應於如來五部的五種法，能滿足一切願望，其中屬於敬愛鉤召法者如下：

1.敬愛法蓮華部諸手

合掌手（人非人愛念）、寶鏡手（得智慧）、寶印手（得辯才）、玉環手（得男女僕使）、胡瓶手（善和眷屬）、軍持手（生梵天）、紅蓮手（生諸天宮）、錫杖手（得慈悲心）。

2.鉤召法羯磨部諸手

鐵鉤手（善神擁護）、頂上化佛（得佛授記）、數珠手（佛來授手）、寶螺手（呼召善神）、寶箭手（遇善友）、寶篋手（得伏藏）、髑髏手（使令鬼神）、五色雲手（成就仙法）。

除了以上三種持物外，其他常見的持物尚有紅蓮花，如準提菩薩左第二手持開敷紅蓮花，表可愛樂受之色，千手觀音亦有紅蓮手，能攝受眾生生諸天宮，如意輪觀音亦是安坐於紅蓮花。

而法螺亦是常見的鈎召法持物，如千手觀音即有「寶螺手」，以此呼召善神，準提菩薩左七手持螺，以此大弘佛法，降伏煩惱。

弓箭亦常用來表示鈎召之義，如藏密本尊咕嚕咕咧佛母，其左第一手即是持紅烏巴拉花箭，作欲射之勢，愛染明王尊之左次手亦執金剛弓，右次手執金剛箭準備射出，代表鈎攝一切眾生本具之如來體性。千手觀音亦有寶箭手，使眾生早值善友，逢善知識。

在藏密中，彎刀、手鼓亦爲敬愛鈎召本尊常見持物。

第2篇

令具威德懷愛本尊

第一章 佛部及佛頂、佛母

阿彌陀佛

阿彌陀佛為蓮花部部主，具足敬愛鈎召之特德，能使一切眾生歡喜滿足，並發願攝受一切有情至其淨土，為敬愛法本尊代表。

【特德】

阿彌陀佛（梵名 Amitaba 或 Amita-buddha），意譯爲無量光或無量壽佛，乃是西方極樂世界的教主。在大乘佛教中，阿彌陀佛佔有極重要的地位；他以觀

具足敬愛鈎召特德的蓮華部主阿彌陀佛

世音、大勢至兩大菩薩爲脇侍；在極樂世界，實踐其教化眾生，接引有情的偉大悲願。

在金剛界五佛中，阿彌陀佛位於西方，爲蓮花部部主，其身呈紅色，表懷愛鈎召之特德，爲敬愛法之主尊，能使一切眾生愉悅歡喜，特別具足鈎召攝持之德，以調伏貪性眾生。

阿彌陀佛悲願廣大，慈心深切；而其念佛法門，又簡單易行；因此，在信仰大乘的國家中，皈仰者極爲眾多。因而有「家家阿彌陀、戶戶觀世音」之說。

在中國佛教寺院的大雄寶殿中，時常供奉代表東、西、中三方不同世界的三尊佛像，即所謂的「橫三世」，或稱爲「三寶佛」。阿彌陀佛，被安置於釋迦牟尼佛的右邊，結跏趺坐於蓮台上，雙手結定印，仰掌疊置於足上，掌中托有一座蓮台，表示接引眾生往生西方淨土，蓮花化生之意，釋迦牟尼佛的左邊，則是藥師佛。

阿彌陀佛的光明無量，照十方國土無所障礙，所以號爲阿彌陀。「阿彌陀」就是無量光明的意思。這是阿彌陀佛的第十二個大願「光明無量願」所成就的，光明無量是阿彌陀佛在「相」上所示現的最大的一個特徵，是在我們的空間中所顯示的一種無邊的象徵，就是顯現出無量光明而且無所障礙。

由於阿彌陀佛的慈悲願力，我們在念誦其名號時，就可以與其願心相應，以我們之身、口、意入於阿彌陀佛，阿彌陀佛之身、口、意同時也入於我身，消融一切世間、出世間的障礙，使我們圓滿如同阿彌陀佛無量的功德。這種甚深的鈎召修法，也是阿彌陀佛慈悲的願力所致。

依據《無量壽經》所述，過去久遠劫前，有一位世自在王佛（Lokesvara-rāja 樓夷亘羅）出世說法，那時的轉輪聖王發心出家，名為法藏（或譯作「法積」，Dharnakara 曇無迦）比丘。法藏比丘在世自在王佛面前，發起無上道心，以四十八願，誓願建立莊嚴的極樂世界，修習菩薩道而成佛。其根本願是希望在十方無量無邊諸佛土中，極樂淨土是其中最殊勝、最微妙，最為第一的淨土。

諸佛之功德智慧雖然沒有差別，但佛的身量、壽量、國土、光明等等緣起相上的示現，則隨諸佛因地中的本願不同，而有大小等緣起相上的差異。法藏比丘發願成就十方國土中最勝妙的佛土。因此，世自在王佛為他演說了二百一十億個佛土，給他參考。法藏比丘就以這些佛土爲資料，選擇這些佛土的勝妙處，構築了自己淨土的藍圖。法藏比丘發此勝願，修學六波羅蜜，終於圓滿成佛，稱爲阿彌陀佛。

⊙阿彌陀佛的四十八大願

阿彌陀佛，具足懷愛鈎召的特德，他發願建構宇宙中最完備、殊勝的淨土，鈎召攝受一切世界的有情眾生，都歡喜前往其淨土極樂世界。

阿彌陀佛所發的願，經中有二十四願、三十六願及四十八願的說法。

依《大阿彌陀經》卷上所說，其四十八大願爲：

第一、願我作佛時，我刹中無地獄、餓鬼、禽畜以至蜎飛蠕動之類。不得是願，終不作佛！

第二、願我作佛時，我刹中無婦女；無央數世界諸天、人民以至蜎飛蠕動之類，來生我刹者，皆於七寶水池蓮華中化生。不得是願，終不作佛！

第三、願我作佛時，我刹中人欲食時，七寶鉢中，百味飲食化現在前，食已，器用自然化去。不得是願，終不作佛！

第四、願我作佛時，我剎中人所欲衣服，隨念即至，不假裁縫、擣染、浣濯。不得是願，終不作佛！

第五、願我作佛時，我剎中自地以上至於虛空，皆有宅宇、宮殿、樓閣、池流、花樹，悉以無量雜寶、百千種香而共合成，嚴飾奇妙，殊勝超絕，其香普熏十方世界，眾生聞是香者皆修佛行。不得是願，終不作佛！

第六、願我作佛時，我剎中人皆心相愛敬，無相憎嫉。不得是願，終不作佛！

第七、願我作佛時，我剎中人盡無淫泆、瞋怒、愚癡之心。不得是願，終不作佛！

第八、願我作佛時，我剎中人皆同一善心，無惑他念；其所欲言，皆豫相知意。不得是願，終不作佛！

第九、願我作佛時，我剎中人皆不聞不善之名，況有其實！不得是願，終不作佛！

第十、願我作佛時，我剎中人知身如幻，無貪著心。不得是願，終不作佛！

第十一、願我作佛時，我剎中雖有諸天與世人之異，而其形容皆一類金色，面目端正淨好，無復醜異。不得是願，終不作佛！

第十二、願我作佛時，假令十方無央數世界諸天人民以至蜎飛蠕動之類，皆得為人，皆作緣覺、聲聞，皆坐禪一心，共欲計數我年壽，幾千億萬劫無有能知者。不得是願，終不作佛！

第十三、願我作佛時，假令十方各千億世界，有諸天人民以至蜎飛蠕動之類，皆得為人，皆作緣覺、聲聞，皆坐禪一心，共欲計數我剎中人數有幾千億萬，無有能知者。不得是願，終不作佛！

第十四、願我作佛時，我剎中人壽命皆無央數劫，無有能計知其數者。不得是願，終不作佛！

第十五、願我作佛時，我剎中人所受快樂，一如漏盡比丘。不得是願，終不作佛！

第十六、願我作佛時，我剎中人住正信位，離顛倒想，遠離分別，諸根寂靜，所止盡般泥洹。不得是願，終不作佛！

第十七、願我作佛時，說經行道十倍於諸佛。不得是願，終不作佛！

第十八、願我作佛時，我剎中人盡通宿命，知百千億那由他劫事。不得是願，終不作佛！

第十九、願我作佛時，我剎中人盡得天眼，見百千億那由他世界。不得是願，終不作佛！

第二十、願我作佛時，我剎中人盡得天耳，聞百千億那由他諸佛說法，悉能受持。不得是願，終不作佛！

第二十一、願我作佛時，我剎中人得他心智，知百千億那由他世界眾生心念。不得是願，終不作佛！

第二十二、願我作佛時，我剎中人盡得神足，於一念頃，能超過百千億那由他世界。不得是願，終不作佛！

第二十三、願我作佛時，我名號聞於十方無央數世界；諸佛各於大眾中，稱我功德及國土之勝；諸天人民以至蜎飛蠕動之類，聞我名號乃慈心喜悅者，皆令來生我剎。不得是願，終不作佛！

第二十四、願我作佛時，我頂中光明絕妙，勝如日月之明百千億萬倍。不得是願，終不作佛！

第二十五、願我作佛時，光明照諸無央數天下幽冥之處，皆當大明；諸天、人民以至蜎飛蠕動之類，見我光明莫不慈心作善，皆令來生我國。不得是願，終不作佛！

第二十六、願我作佛時，十方無央數世界諸天人民以至蜎飛蠕動之類，蒙我光明觸其身者，身心慈和過諸天人。不得是願，終不作佛！

第二十七、願我作佛時，十方無央數世界諸天人民，有發菩提心，奉持齋戒，行六波羅蜜，修諸功德，至心發願欲生我剎，臨壽終時，我與大眾現其人前，引至來生，作不退轉地菩薩。不得是願，終不作佛！

第二十八、願我作佛時，十方無央數世界諸天人民，聞我名號，燒香、散花、然燈、懸繒，飯食沙門，起立塔寺，齋戒清淨，益作諸善，一心繫念於我，雖止於一晝夜不絕，亦必生我剎。不得是願，終不作佛！

第二十九、願我作佛時，十方無央數世界諸天人民，至心信樂欲生我剎，十聲念我名號，必遂來生，惟除五逆、誹謗正法。不得是願，終不作佛！

第三十、願我作佛時，十方無央數世界諸天人民以至蜎飛蠕動之類，前世作惡，聞我名號，即懺悔爲善，奉持經戒，願生我刹，壽終皆不經三惡道徑遂來生，一切所欲無不如意。不得是願，終不作佛！

第三十一、願我作佛時，十方無央數世界諸天人民，聞我名號，五體投地稽首作禮，喜悅信樂，修菩薩行，諸天世人莫不致敬。不得是願，終不作佛！

第三十二、願我作佛時，十方無央數世界有女人聞我名號，喜悅信樂，發菩提心，厭惡女身，壽終之後其身不復爲女。不得是願，終不作佛！

第三十三、願我作佛時，凡生我刹者，一生遂補佛處；惟除本願欲往他方設化眾生、修菩薩行、供養諸佛，即自在往生。我以威神之力，令彼教化一切眾生皆發信心，修菩提行、普賢行、寂滅行、淨梵行，最勝行及一切善行。不得是願，終不作佛！

第三十四、願我作佛時，我刹中人欲生他方者，如其所願。不復墜於三惡道。不得是願，終不作佛！

第三十五、願我作佛時，剎中菩薩以香華、旛蓋、真珠、纓絡、種種供具，欲往無量世界供養諸佛，一食之頃即可遍至。不得是願，終不作佛！

第三十六、願我作佛時，剎中菩薩欲萬種之物，供養十方無央數佛，即自在前供養既遍，是日未午即還我剎。不得是願，終不作佛！

第三十七、願我作佛時，剎中菩薩受持經法，諷誦宣說，必得辯才智慧。不得是願，終不作佛！

第三十八、願我作佛時，剎中菩薩能演說一切法，其智慧辯才不可限量。不得是願，終不作佛！

第三十九、願我作佛時，剎中菩薩得金剛那羅延力，其身皆紫磨金色，具三十二相、八十種好，說經行道無異於諸佛。不得是願，終不作佛！

第四十、願我作佛時，剎中清淨，照見十方無量世界，菩薩欲於寶樹中，見十方一切嚴淨佛剎，即時應現，猶如明鏡覩其面相。不得是願，終不作佛！

第四十一、願我作佛時，剎中菩薩雖少功德者，亦能知見我道場樹高四千由旬。不得是願，終不作佛！

第四十二、願我作佛時，剎中諸天世人及一切萬物，皆嚴淨光麗，形色殊特，窮微極妙，無能稱量者；眾生雖得天眼，不能辯其名數。不得是願，終不作佛！

第四十三、願我作佛時，我剎中人隨其志願，所欲聞法皆自然得聞。不得是願，終不作佛！

第四十四、願我作佛時，剎中菩薩、聲聞皆智慧成就，頂中皆有光明，語音鴻暢，說經行道無異於諸佛。不得是願，終不作佛！

第四十五、願我作佛時，他方世界諸菩薩聞我名號，歸依精進，皆逮得清淨解脫三昧；住是三昧一發意頃，供養不可思議諸佛，而不失定意。不得是願，終不作佛！

第四十六、願我作佛時，他方世界諸菩薩聞我名號，歸依精進，皆逮得普等三昧，至于成佛，常見無量不可思議一切諸佛。不得是願，終不作佛！

第四十七、願我作佛時，他方世界諸菩薩聞我名號，歸依精進，即得至不退轉地。不得是願，終不作佛！

第四十八、願我作佛時，他方世界諸菩薩聞我名號，歸依精進，即得至第一忍、第二忍、第三法忍，於諸佛法永不退轉。不得是願，終不作佛！

由於阿彌陀佛的慈悲願力，他發願使一切眾生都歡喜往生於其淨土極樂世界，因此相關經典中也說到三輩（三種不同根器）往生彌陀淨土者。

上輩人，修習六波羅蜜，不犯經戒；慈心精進，離諸愛欲，斷絕瞋怒，齋戒清淨而誠願往生。現生能見阿彌陀佛、菩薩與阿羅漢。臨命終時，佛、菩薩等來迎，往生佛國，於寶池蓮花中化生，得不退轉，住處與阿彌陀佛相近。

中輩人，布施持戒，供養寺塔，不愛不瞋，慈心清淨，齋戒清淨而願生佛國。能一日一夜心念不斷，現生夢中見佛，臨終化佛來迎，往生佛國，智慧勇猛。

下輩人，不知布施、供養寺塔；但不愛不瞋，慈心精進，齋戒清淨而願生佛國。能十日十夜念不斷絕，命終往生，亦能智慧勇猛。

在《無量壽經》中說，往生極樂世界之眾生，可分為九品，即九個等級，即上品上生、上品中生、上品下生，中品上生、中品中生、中品下生，及下品上生、下品中生、下品下生等九品。

而這往生九品同時也說明了阿彌陀佛法門的普遍性，無論是出世間的大乘菩薩行者，或是世間善人，甚至造下極重罪之惡人，如果在臨命終時真心一念懺悔，願生極樂，都能往生極樂世界，由此也可看出阿彌陀佛護佑一切眾生，鈎召一切有情人於淨土的廣大方便。因此，阿彌陀佛淨土法門，也成爲臨終鈎召亡者往生淨土，最爲普遍之法門。

阿彌陀佛成佛以來，已經十劫。國土爲七寶所成，沒有山、海、江、河，純一平坦。亦沒有三惡趣、鬼神之類；全是菩薩、羅漢，壽命無量。欲食時，一切食具自然化現。往生阿彌陀佛國者，在寶池的蓮花中化生；面貌端嚴無比。總之，極樂世界有無邊莊嚴，無量的法喜，都是彌陀願力之所成就。

⦿阿彌陀佛的形像

在《觀無量壽經》中的十六觀法中，主要是觀想阿彌陀佛與極樂世界，經文中描寫阿彌陀佛的身相說：「無量壽佛身，如百千萬億夜摩天閻浮檀金色，佛身高六十萬億那由他恆河沙由旬，眉間白毫，右旋宛轉，如五須彌山，佛眼如四大海水，青白分明，身諸毛孔，演出光明，如須彌山。彼佛圓光，如百億三千大千世界。於圓光中，有百億那由他恆河沙化佛，一一化佛亦有眾多無數化菩薩，以為侍者。

無量壽佛有八萬四千相，一一相中，各有八萬四千隨形好，一一好中，復有八萬四千光明，一一光明，遍照十方世界念佛眾生，攝取不捨，其光相好，及與化佛，不可具說。」

這是說明觀想無量壽佛形相的內容，此中有阿彌陀佛的身高、白毫相、佛眼、毛孔，尤其是從中放出的光明不可思議，而且阿彌陀佛亦具有一一化佛、化菩薩，以及八萬四千種相。

在世間的形象上，阿彌陀佛常是金剛結跏端身正坐，手結定印，即左手仰掌當於臍上，右手仰掌重疊於左手上，兩手之大拇指頭微相對貼合。此印也為阿彌陀如來印，能使一切狂亂的妄念止息，令心住於一境，入於三昧之樂，是第一最勝的印相。

除了坐像之外，也有立像作接引印的阿彌陀佛。常與右邊觀音菩薩，左邊勢至菩薩，形成西方三聖的造像。有時與觀音菩薩、大勢至菩薩、地藏菩薩、龍樹菩薩四者合成彌陀五尊的造像。也有依九品階次，所造的九品阿彌陀佛。

在真言密教中，以阿彌陀佛代表大日如來法身的妙觀察智，轉六識成佛智。在金剛界曼荼羅中，稱爲受用智慧身阿彌陀如來，畫在西方月輪的中央，其身作黃色或金色；彌陀結定（即三摩地）印。其前方安置有金剛法菩薩（觀音）、右方置金剛利菩薩（文殊）、左方置金剛因菩薩（彌勒）、後方置金剛語菩薩（維摩）。

在胎藏界曼荼羅，稱之爲無量壽如來，安設在中台八葉的西方。其身一般說是白黃色，但儀軌說是真金色。目略閉，著輕衣，在寶蓮上結跏趺坐，結彌陀定印。

⊙阿彌陀佛的眷屬

阿彌陀佛的菩薩眷屬，最普遍常見的即觀音與大勢至兩位大士，他們追隨阿彌陀佛，在極樂世界教化眾生，也在娑婆世界中，大悲救度一切眾生，並且輔翼彌陀，讓眾生能清淨發願往生極樂淨土，在臨命終時，他們亦會前來接引淨土行人。而且根據《觀無量壽經》所說：阿彌陀佛神通如意，於十方國變現自在，或現大身滿虛空中，或現小身丈六八尺。所以便有彌陀觀音同體的說法。

阿彌陀佛及其脇侍觀世音及大勢至，一般稱之爲阿彌陀佛三尊。如在《觀無量壽經》中所說：「無量壽佛住立空中，觀世音、大勢至是二大士侍立左右，光明熾盛不可具見，百千閻浮檀金色不得爲比。」

關於二脇侍的形像，觀音菩薩的寶冠中有化佛，大勢至菩薩的寶冠中有寶瓶。自古以來，一般是作觀音菩薩兩手持蓮台，而大勢至菩薩雙手合掌。

阿彌陀佛除有觀音菩薩、大勢至菩薩爲脇士外，另外於《十往生經》中，佛陀曾經告訴山海惠菩薩及阿難說：如果有人發願往生西方極樂世界，稱念阿彌陀佛名號者，會常使二十五菩薩如影護行，使行者能無病無惱，不令惡鬼、惡神惱亂行者，而常得安穩。這二十五菩薩分別是：

1.觀世音菩薩，左右手捧紫金台。2.大勢至菩薩，結未敷蓮華印，即合掌也。3.藥王菩薩，差覆幢幡玉幡。4.藥上菩薩，捧玉寶幡。5.普賢菩薩，差覆寶蓋。6.法自在菩薩。7.獅子吼菩薩，腰鼓手。8.陀羅尼菩薩，左舞也。9.虛空藏菩

阿彌陀佛與八大菩薩

薩，右舞也。10.德藏菩薩，吹笙。11.寶藏菩薩，吹笛。12.金藏菩薩，吹簫。13.金剛藏菩薩，吹竽。14.光明山王菩薩，琵琶。15.山海慧菩薩，箜篌。16.華嚴王菩薩，磬。17.眾寶王菩薩，鐃銅拔。18.月光王菩薩，揩鼓。19.日照王菩薩，葛鼓。20.三昧王菩薩，方鏡。21.定自在王菩薩，大鼓。22.大自在王菩薩，花幢。23.白像王菩薩，寶幢。24.大威德王菩薩，曼珠沙華。25.無邊身菩薩，戒香火舍。

這二十五位菩薩，因爲護念彌陀淨土行人，所以有阿彌陀佛與二十五菩薩來迎圖的繪像。

⊙十二光佛

阿彌陀佛成就光明無量之願，其威神爲最尊第一，爲讚歎其光明之智體及德用，分立十二種稱號，依據《佛說無量壽經》卷上記載，這十二稱號分別爲：無量光佛、無邊光佛、無礙光佛、無對光佛、燄王光佛、清淨光佛、歡喜光佛、智慧光佛、不斷光佛、難思光佛、無稱光佛、超日月光佛。

這十二光的意義是：(1)無量光，謂佛光不可算數。(2)無邊光，有緣無緣無所不照。⑶無礙光，人法皆不能障。⑷無對光，諸菩薩所不能及。⑸燄王光，謂光明自在無可及者。⑹清淨光，從佛無貪之善根所現，能除眾生貪濁之心。⑺歡喜光，從佛無瞋之善根所生，能除眾生之瞋恚心。⑻智慧光，從佛無癡之善根心生起，能除眾生無明之心。⑼不斷光，光明恆照不絕。⑽難思光，諸二乘等不能測度。⑾無稱光，聲聞菩薩等亦難稱揚道盡。⑿超日月光，日夜恆照，超越日月之光。

如果有眾生遇到此等光明，則身意柔軟，歡喜踴躍，而生善心。若在三塗惡道痛苦之處，見此光明，都能得到休息，無復苦惱，壽終之後皆蒙解脫。

另外，在《大佛頂首楞嚴經》、《九品往生阿彌陀三摩地集陀羅尼經》中，則以十二光佛爲十二如來之別號。

⊙阿彌陀如來的種子字、真言

種子字：（aṃ）或（saṃ）或（hrīḥ）

【真言】

唵① 阿彌利陀② 底勢③ 可羅④ 吽⑤

𑖌𑖼① 𑖀𑖦𑖴𑖝② 𑖝𑖸𑖕𑖸③ 𑖮𑖨④ 𑖮𑖳𑖽⑤

oṁ① amrita② teje③ hara④ hūṁ⑤

歸命① 甘露（不滅）② 威光③ 運用④ 能生⑤

大佛頂

【特德】大佛頂總攝諸佛頂之最勝者，修持此尊之懷愛法，與一切菩薩融而為一，令一切有情生敬愛想。

佛頂爲如來無見頂相之功德以佛位來顯現。大佛頂則是總攝諸佛頂尊而爲最勝尊。

以大佛頂爲本尊，爲調伏天變或兵亂所修之法，即稱爲大佛頂法，又稱作攝

大佛頂曼荼羅

一切佛頂輪王法。有金剛部大日金輪與胎藏部釋迦金輪二種。修本法的根據有《大佛頂首楞嚴經》、《大妙金剛經》、《大佛頂廣聚陀羅尼經》等。

在《白寶口抄》卷第二十六〈大佛頂法五〉中，引諸經軌說，「此法就敬愛修之，或息災或調伏。又說：此法本體就敬愛行之。又云：本經可行敬愛見事。《攝經》云：即於東方如來面前赤色輪中，現光聚佛頂輪王等。」

同抄中並記載本尊之敬愛修法：「觀想此團丸供入從本尊御口，至心蓮花臺，成無量蓮花箭雲海，流出一一毛孔，供養盡虛空法界諸佛菩薩，便還來射拂我及彼此等增惡、隔別、厭離菩薩心，彼此一體和合，互令起無二敬愛之心。」

◎大佛頂的種子字、真言

種子字：（aḥ）

【真言】

唵① 摩訶縛日朗瑟抳灑② 吽③ 怛落④ 訖哩⑤ 惡⑥ 吽⑦

oṁ① mahā-vajroṣṇiṣa② hūṁ③ trāḥ④ hrīḥ⑤ aḥ⑥ hūṁ⑦

歸命① 大金剛頂② 吽③ 怛落④ 訖哩⑤ 惡⑥ 吽⑦

一字金輪佛頂

一字金輪佛頂為諸佛頂中極為殊勝者，若能誠心供養持誦，能得一切眾生敬愛，超脫一切罪障，具足懷愛功德。

【特德】

一字金輪佛頂（梵名Ekākṣara-uṣṇīṣacakra），爲五佛頂尊之一，別名爲一字輪王佛頂，成金輪佛頂王，與大日如來、釋迦牟尼同一本體。

此佛頂傳說是依照咒文示現而成的。其名號中的「一字」，指的是「南莫三曼多勃馱南．勃嚕唵」中的「勃嚕唵」。「勃嚕唵」名爲三身具足呪，所以是以「勃嚕唵」（bhrūṃ）一字爲真言的佛頂尊。是諸佛頂中最爲殊勝者，就如同世間轉輪聖王中以金輪爲最，故稱爲一字金輪。

一字金輪佛頂（大日如來所現）

此金輪有大日金輪與釋迦金輪兩類。釋迦金輪，是依據《一字頂輪王經》所說：其首作螺髮形，手結法界定印或持鉢印，於印上安輪。大日金輪，則是依據《金剛頂經一字頂輪王瑜伽一切時處念誦成佛儀軌》所說：其頂戴五智寶冠，結智拳印。

一般修一字金輪法時，是以大日金輪為本尊。其身呈黃金色或白色，坐於八葉白蓮華上，其形像雖為金剛界之智佛，卻現入胎藏界日輪三昧之相。

修持此尊之法要，能具足懷愛之特德，在《一字奇特佛頂經》中，佛陀對金剛手秘密主說，如是一字輪王，能作一切事業，為一切佛所說，無礙教令，無量那由他百千俱胝佛所說，我今亦說。若有此大明王輪王佛頂若能受持、讀誦，若聞演說，乃至書寫經卷、供養念誦，彼必不墮惡趣，不為餓鬼藥叉，不貧匱，不為一切罪；並得一切有情之敬愛，一切皆得隨順。

此外，以一字金輪為本尊，祈請一切悉地及除災之法，稱一字金輪佛頂法。關於其修法的功德，在《金剛頂經一字頂輪王瑜伽一切時處念誦成佛儀軌》中說：修此瑜伽，如果現造無量極重諸罪障，也必能超脫惡趣，速證菩提。

一字金輪佛頂曼荼羅

在《覺禪鈔》卷十八引《一字頂輪王經》卷五，說明一字金輪的懷愛護摩法：「欲得敬愛成就者，白芥子和油麻油，三時護摩，滿一七日，則得羅惹及次小王，皆得敬愛。

又云：欲令婆羅門敬愛，取白花護摩，赤花刹利，黃花毗舍里之花輪陀羅，以鹽寘婦人，以摩沙婆羅門小豆。」

⊙一字金輪的修持法

1. 觀想的方法

《金剛頂經一字頂輪王瑜伽一切時處念誦成就佛儀軌》中，提及一字金輪的觀想修法：「心中日輪齊現一字金色，舌端亦如是，則是字爲輪，其輪爲轉輪，加持色金色，備七珍圍繞，寶輪在前，餘寶右旋置，珠寶與無量摩尼眾圍繞，次寶女亦與無邊深女俱，馬寶及像（象）寶，主庫藏神寶，各領自眷屬無量眾侍立，兵寶持金剛，無能勝爲師，佛眼如來母，共寶居八方，如世金輪王具七寶眷屬，如來頂輪王以佛無上寶爲眷屬圍繞。」

2.持咒的方法

在同經中亦提及持誦本尊密言的簡修法：「先結智拳印，即勝身加持，次陳供養儀，但作智拳印，誦密言七三，執珠記數，百八未滿，中間不語，要語  於舌上，縱語不爲間。

或結勝身念誦亦得，支分皆不闕，結智拳能攝諸如來入住愛隨順，勝身  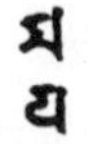 結一印時，一切已成，十方三世佛所說密印盡在此中，又一切如來同一聚密合成此一法身，更無有二相，諸佛皆隨喜，菩薩盛敬奉，天龍、人、非人攝伏而歸命，由如是義故，不待諸印助，一成一切印。」

除了持誦之外，也可書寫此陀羅尼，佩戴於身：在《菩提場所說一字頂輪王經》說，以牛黃於樺皮上寫此陀羅尼，安頭髻中，若出家眾可繫在袈裟中；若在家眾可繫在手臂，或在頸下；若國王帶，不被他敵之所侵擾，晝夜臥安、覺安；大威德賢聖諸天而常擁護。如是及餘有情，若能持此者，勤修真言者，一切處獲得無礙……以此作息災吉祥事，惡星淩逼皆得息滅。

◎一字金輪佛頂的種子字、真言

種子字：（bhrūṁ）

【真言】

勃嚕唵

bhrūṁ

佛眼佛母

【特德】

佛眼佛母能滿足眾生一切善願，令眾生生起敬愛歡喜之心，出生種種福報，滅除一切不祥。

佛眼佛母（梵名Buddha-locani），是密教所供奉的本尊之一。位於密教胎

能使眾生敬愛歡喜的佛眼佛母

藏界曼荼羅，爲遍知院及釋迦院中的一尊。梵名音譯作沒陀路左曩、勃陀魯沙那；又稱爲佛眼、佛眼尊、佛母尊、佛母身、佛眼部母、佛眼明妃、虛空眼明妃、虛空藏眼明妃、一切如來佛眼大金剛吉祥一切佛母等。

經中說：「佛眼大金剛出生一切法，成就一切明，能滿一切願，除一切不祥，生一切福，滅一切罪，令一切有情見皆歡喜。」可見佛眼佛母具足能使眾人敬愛歡喜的特德。

佛眼佛母尊乃般若中道妙智的示現，具有五眼，能出生金胎兩部諸佛、菩薩，爲出生佛部功德之母，所以置於表示般若一切智的遍知、釋迦二院中，茲分述如下：

1.**遍知院的佛眼佛母**：又名爲虛空眼、諸佛母。位於中央一切如來智印的北方。密號殊勝金剛。形像是遍身肉色，頭戴寶冠，繫有珠鬘，耳懸金環，臂著釧環，穿紅錦衣，手結定印，於赤蓮華上結跏趺坐。

2.**釋迦院的佛眼佛母**：又名遍知眼、能寂母、一切如來寶，位於中央釋迦牟尼佛北方下列的第一位。密號實相金剛。形像爲通身金色，右手豎掌，屈中指、無名指，小指稍屈，伸拇指和食指；左手屈臂，置於胸前，持蓮華，華上如意寶，面向左方微微仰視。

在《覺禪鈔》卷第二中：「金剛眼以愛重心歡悅之眼也。」同卷中並記載使一切眾人愛敬歡喜之佛眼佛母修法：

經云：二手虛心合掌，二食指屈附二中指上節，如眼笑形，二空（大拇指）各捻忍願（中指）節文，亦如眼笑形，二小指復微開亦如眼笑形。以印拭目及眉，兼豎拭眉間，想成五眼，兼誦眼明右旋拭面三返，一切見者皆悉歡喜。

⊙佛眼佛母的形像

此尊的形像，在各經論中皆有不同說法，在《金剛峰樓閣一切瑜伽瑜祇經》卷下〈金剛吉祥大成就品〉中說：此佛母住於大白蓮上，身爲白月光色，兩目微笑，二手住臍，如入禪定，從一切支分出生十恆河沙俱胝佛。

在《菩提場所說一字頂輪經》卷二〈畫像儀軌品〉中則說，此尊形如天女，安坐寶蓮華，身如金色，目觀大眾，著輕縠衣，角絡而披。右手持如意寶，左手

佛眼曼荼羅

施願印，圓光周遍，熾盛光明，身儀寂靜。

《不空羂索神變真言經》卷九則說：其右手背壓在左手掌上，伸置臍下，結跏趺坐。

《大聖妙吉祥菩薩說除災教令法輪》中說佛眼佛母身相紅蓮色，左作五眼契，右結如來拳。

一般多認爲佛眼佛母屬於佛部，由大日如來所化現。但《瑜祇經》謂其應屬於佛頂部，與一字金輪同體，由金剛薩埵所變。

由於胎藏界曼荼羅遍知院，將佛眼佛母與七俱胝佛母配置在一起，所以佛母之造像大部分都不是單獨一尊。

而佛眼法的特色，是以星宿爲眷屬。修習此法，可息災延命、福壽增長，得眾人愛敬。此外，以此尊爲中尊所建立的曼荼羅，稱爲佛眼曼荼羅。即是畫三層八葉蓮華：於第一華院中臺畫大金剛吉祥母，八葉上畫一切佛頂輪王（即一字金輪佛頂）和七曜使者；第二華院畫八大菩薩，各執本標幟；第三華院畫八大金剛明王，又於華院外四方四隅畫八大供養及四攝等使者，皆戴師子冠。

密教以佛眼尊（即佛眼佛母）、般若波羅蜜等能出生諸佛，所以尊之爲佛母。在《大品般若經》卷十四〈佛母品〉說：是深般若波羅蜜能生諸佛，能與諸佛一切智，能示世間相，所以諸佛常以佛眼比喻深般若波羅蜜。又，佛的隨類現身之妙德，也稱爲佛母。

⊙佛眼佛母的種子字、真言

種子字：𑖐（ga）、𑖐𑖽（gaṃ）、𑖝（ta）

【真言】

曩謨① 婆誐縛覩② 鄔瑟抳灑③ 唵④ 嚕嚕⑤ 塞怖嚕⑥ 入縛攞⑦ 底瑟吒⑧ 悉馱⑨ 路者寧⑩ 薩縛喇他⑪ 薩馱儞曳⑫ 娑縛賀⑬

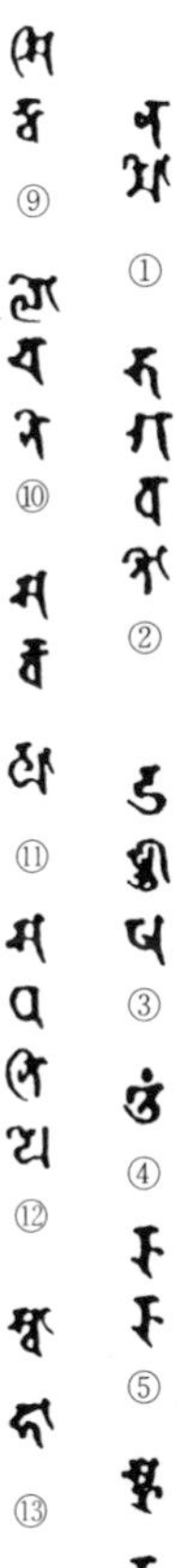

namo① bhagavat② uṣṇīṣa③ oṁ④ ruru⑤ sphuru⑥ jvala⑦ tiṣṭha⑧ siddha⑨ locani⑩ sarvārtha⑪ sadhane⑫ svāhā⑬

歸命① 世尊② 頂③ 唵（三身的種子）④ 嚕嚕（無垢離塵的種子）⑤ 普遍⑥ 光明⑦ 安住⑧ 成就⑨ 眼⑩ 一切義利⑪ 富裕⑫ 成就⑬

咕嚕咕咧佛母

【特德】修持咕嚕咕咧佛母法可鉤出眾生本具之慈愛、懷柔盡攝法界眾生圓滿成佛。並可具足大威權勢，受上司與部屬的敬愛。

咕嚕咕咧佛母（藏名ལྷ་མོ་རིག་བྱེད་མ། 音譯為哈摩利接瑪），為藏傳佛教中，懷愛法的重要主尊之一，又稱為作明佛母、三界自在空行母，在漢譯經典中則稱作酤羅菩薩。

咕嚕咕咧尊是出於《喜金剛本續》，因此，對於以《喜金剛本續》為中心的薩迦派，此尊佔有相當重要的地位；初由帕日洛扎瓦譯師傳給薩迦貢噶寧波，成為薩迦三紅尊之一，然在各派皆有其修法。在漢譯經典中則是出現於《佛說大悲空智金剛大教王儀軌經》〈金剛藏菩薩現證儀軌品〉。

本尊身紅色，主懷愛法，修此法者可得人天福報，具足大權威勢，受上司與部屬敬愛。而在《佛說大悲空智金剛大教王儀軌經》中說此為速疾成就信愛之法，屬西方蓮花空行所成就，也就是阿彌陀佛蓮華部的法門，乃以蓮花鉤，鉤出眾生自性中的慈愛、懷柔、及一切蓮華空行的體性，而盡攝法界眾生圓滿成佛之法。因此，此法也與無量壽如來有密切的因緣。

修咕嚕咕咧佛母法時，可觀咕嚕咕咧佛母為究竟法身如來之體性，一者能盡攝十方如來之功德為自身、二者能盡攝眾生圓滿成佛；此即上與十方諸佛同一慈力，下與一切眾生同一悲仰，而示現懷愛之力。

此尊乃具力金剛佛智之母，具足大悲密空的大威力至尊，所以我們如法修之，能具足大威勢；咕嚕咕咧是大空大貪王，能鉤召攝受一切眾生。如果行者能了知眾生是法爾不可得，本尊的鉤召也是法性不可得的；能鉤、所鉤俱無可得，如此即能現前成就，能懷愛的、所懷愛的，都是真實之體性，所以法界圓滿、全體法界現成，成為作明佛母，成就本性懷愛的大圓滿。

⊙咕嚕咕咧佛母的形像

咕嚕咕咧佛母的尊形有二臂、四臂、六臂，或站或坐等不同造像，最常見爲一面四臂像。

據經軌所述，咕嚕咕咧佛母貌如十六妙齡女，一面四臂、具三目，大牙微露，現薄瞋樣。赤紅髮上揚，如焰火一般；以五骷髏爲冠，五十顆人頭爲項鬘綱、耳垂、腕鐲、臂環、脛釧、腋絡等皆有骨飾莊嚴。身紅色，三目圓睜，捲舌，露齒。左第一手張紅烏巴拉花弓，右第一手執紅烏巴拉花箭作射勢。右第二手以忿怒印，執紅烏巴拉花之鈎上揚，左第二手以忿怒印，拿著下垂的紅烏巴拉花之花繩下放。

周身並飾以紅珍寶與紅花作成之瓔珞，腰圍虎皮裙。右腳曲屈，左腳鶴立，形如半跏趺坐，實則躍躍如跳金剛舞一般，足踏裸形外道女魔之心口上，以蓮花日輪爲座，安住在般若烈焰火聚中。

佛母，一面表法性一味，三目象徵通達三世，四臂：表息、增、懷、誅四種

咕嚕咕咧佛母

事業成就或四無量心，忿容表調伏四魔。頭戴五骷髏冠，表五佛智或法身佛，以五十顆鮮血頭顱為鬘表斷眾生的無明，遠離生死的分別。

⊙咕嚕咕咧佛母真言

嗡　咕嚕　咕咧　啥以　梭哈

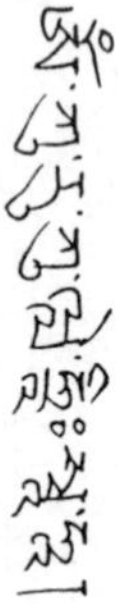

在持咒時，可以觀想這個咒變成光明鉤，上可供養十方諸佛，然後鉤攝十方諸佛的功德；下可以鉤召一切眾生，使他們圓滿成佛。

卡雀佛母

【特德】卡雀佛母示現大貪愛之相，能鉤召一切眾生，入於實相智慧，出生究竟安樂。

藏密的卡雀佛母，其身紅色，表隨貪一切眾生，示現大貪愛之相，引一切眾生入佛智。一面表一切法與空性一味也。二臂表實諦光明之性，及俗諦清淨幻化身之二諦也。三目代表過去、現在、未來三世之一切智也。右手執鉤刀，鉤刀乃天鐵所成，半五股杵之柄黃色。向下伸者，表斬斷一切眾生之煩惱也。在手執顱器土舉微向下斜者，表倒出甘露自性之血也。不斷而飲者，表心中大樂常滿。面仰左方表自身般若母之自性，左肩上倚立之天杖尖朝後微向上柄朝前者，密義表佛父也。足踏二女魔表降伏貪、瞋、痴。

佛母頭髮綿軟順長而黑亮，散披掩覆上身，表二種偏執；貌如二八妙齡少女，表從上降下，以堅固十六喜也。雙乳如峰，體質堅實，具足貪慾之狀者，表他之貪慾當聖道度故也。下體豐滿密美而紅，常降甘露之血者，代表出生安樂也。

五骷冠表五方佛。五瓔珞嚴飾表自爲五智之本性。項掛五十人首，表音母十六字及聲母三十四字，共五十聲音字。安住在智慧火蘊光明熾盛之中，表其內臍火也。

⊙卡雀佛母壇城

卡雀佛母壇成的外圍第一圈以紅、藍、綠、黃來象徵熾盛的火焰，作爲壇城最外圍的護網。

第二圈黑底白色曲線者，表示金剛杵所成的金剛牆，令一切冤魔作障者不敢窺伺。

護輪內八格圖案，即八大屍林也。分爲：

東　方：惡暴屍林　　北　方：荒涼屍林

西　方：金剛焰屍林　　南　方：枯骨屍林

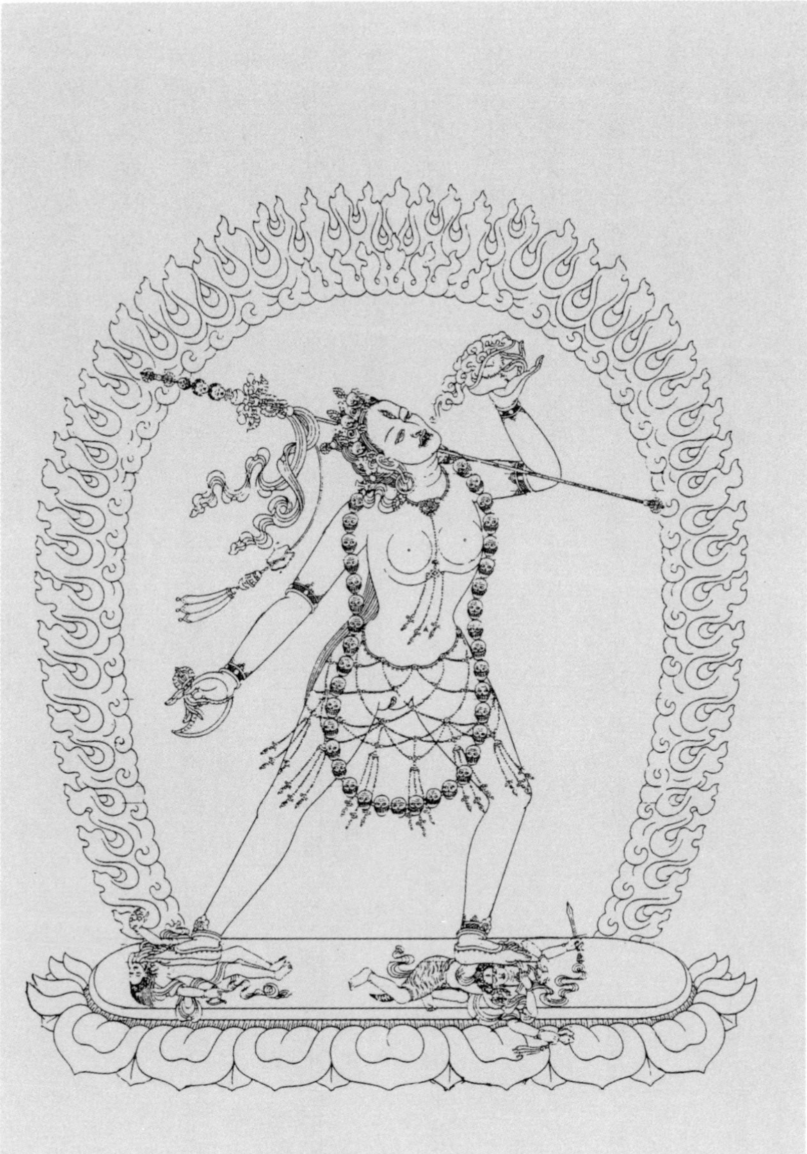

卡雀佛母

東北隅：暴笑屍林　　東南隅：吉祥屍林

西南隅：黑報屍林　　西北隅：怖畏吼聲屍林

其中屍林表決定出離心，金剛牆表堅固之菩提心，火焰表正見。

第四圈畫著各色蓮瓣，第五圈著淺赭色，表示蓮座，由此以內，才是主尊的宮殿。而蓮花代表智慧。

內壇分為四格：息災以白色作代表，增益以黃色作代表，懷愛以紅色作代表，事業以綠色作代表。蓮花上畫有八吉祥等殊勝物。

宮殿分為三層：最上層是修行者的根本上師化現之金剛總持相，因此法為懷法故顯紅色體相。

次層安置歷代的傳承祖師等成就者。

下層為卡雀佛母的主殿。在兩層三角生法宮所成的法基上，有蓮花、日輪、女魔座。法基表樂空不二，通達解脫三門之智。

四門各有獸面母守護，四方共計十六位供養天女。宮殿彫龍畫鳳，幡幢寶蓋旌旗飛揚。

壇城外圍上方虛空安住者，爲那若達巴祖師、薩迦薩欽、薩迦班智達等主要的傳承上師。下爲護法屍林主與黃財神。（請參閱本書彩色頁）

⊙卡雀佛母的真言

嗡嗡嗡 沙爾瓦 扎奇尼耶 巴扎瓦納尼耶 巴扎貝諾扎尼耶 吽吽吽 呸呸呸 梭哈

ཨོཾ་ཨོཾ་ཨོཾ་སརྦ་བུདྡྷ་ཌཱ་ཀི་ནཱི་ཡེ་བཛྲ་ཝརྞ་ནཱི་ཡེ་བཛྲ་བཻ་རོ་ཙ་ནཱི་ཡེ་ཧཱུྃ་ཧཱུྃ་ཧཱུྃ་ཕཊ་ཕཊ་ཕཊ་སྭཱ་ཧཱ།

第二章 觀音部

觀世音菩薩

大悲觀世音菩薩，以種種方便勾攝一切眾生入於圓滿，為具代表性之敬愛本尊，修持觀世音菩薩法門，能得一切眾生歡喜敬愛。

【特德】

觀世音菩薩（梵名 Avalokiteśvara），又有觀自在、觀世自在、光世音、觀音、聖觀音等名，又被稱爲救世菩薩、救世淨聖、施無畏者、蓮華手、普門、大

觀世音菩薩

悲聖者。在大乘佛教中，是最爲人所熟知的菩薩，他以大悲顯現，拔除一切有情苦難爲其本願，循聲救苦，不稍停息。

《法華經》〈普門品〉說：「若有無量百千萬億眾生受諸苦惱，聞是觀世音菩薩，一心稱名，觀世音菩薩即時觀其音聲，皆得解脫。」可見其法門的擴大，與悲願的弘深。

觀世音菩薩，願力宏深，爲了鈎召一切眾生入於佛智，而以種種方便，攝受一切眾生。觀世音菩薩的特色，爲普門示現，即眾生有任何的需求，應以那一種身分得度，觀世音菩薩即示現出何種身相來救度。觀世音菩薩由普現色身三昧現起的不可思議變化身，常在十方世界作無邊的救濟，使眾生苦難得到無限的安慰與清涼。如觀世音菩薩所示現的六觀音，即是在六道中度化有情。

觀世音與大勢至菩薩，在西方極樂世界，爲阿彌陀佛的兩大脇侍，輔助阿彌陀佛教化眾生。據《悲華經》記載，將來西方極樂世界阿彌陀佛涅槃之後，觀世音菩薩將補佛處，名爲遍出一切光明功德山王如來，其淨土名爲一切珍寶所成就世界，比起現在的極樂世界，更莊嚴微妙。

觀世音菩薩

觀世音菩薩以大悲救度爲主要的德行，但是蘊藏於大悲之後的，乃是無邊的大智，所以在中國佛教界最爲流行的《般若心經》，即由觀世音菩薩所宣講，所謂：「觀自在菩薩，行深般若波羅蜜多時，照見五蘊皆空，度一切苦厄。」即是最好的表現。

⊙觀世音菩薩的敬愛法

在《白寶口抄》卷第五十四中記載，若有心誦持本尊真言者，可得眾人敬愛，一切悉得成就。

私云：經軌皆悉以息災爲本，殊〈普門品〉其意也，皆號之爲施無畏者。

〈阿梨多羅陀羅尼阿嚕力品〉云：誦三千五百遍，能令一切人所敬愛，凡所求事皆得。

《說自心陀羅尼經》云：若誦三十萬遍，一切福德聚皆集在身，眾人畏敬愛之如母，一切悉皆得成就。

〈普門品〉云：慈眼視眾生，福壽海無量。

《大日經疏》云：隨眾生心念授珍寶，施成心願。

在《覺禪鈔》卷第三十九中並說修觀音法可得諸人敬愛：加持齒木千遍，然嚼用，即得辯才，令一切人敬念。

在《阿唎多羅陀羅尼阿嚕力經》中並說，於晨朝以香湯洗浴，並誦真言：「

唵 阿嚕力迦 娑嚩訶」三千五百遍，能令一切人所敬愛。凡所求事皆得隨意。

觀世音菩薩秉持著尋聲救苦的悲願，不斷的示現救度有情眾生：「眾生被困厄，無量苦逼身；觀音妙智力，解救世間苦」。

觀世音菩薩因於大悲救濟，所以又被稱爲救世尊、救世大悲者。又由於他爲眾生的依怙而使之不生畏怖，所以又稱爲施無畏者。他是等覺位的大菩薩，其原本相貌自然爲勇猛的大丈夫相，這與一般人以爲他是女身，是有所不同的。不過由於他普門示現、隨類現身，自然也可示現女相。

觀世音菩薩所顯現的無邊相貌中，女身不過爲其一種，比如中國隋唐時代的觀音像及日本的觀音像，就多蓄有鬍鬚；但由於觀世音菩薩以慈悲應化，有柔和愛語的母性特質，因此其尊形也就常以女性形態出現。

⊙觀世音菩薩的尊形

觀世音菩薩化身千百億，其形像數說不盡，千變萬化的。由於觀世音菩薩的大悲願力，他化身爲各種生命的型態，各種角色，攝受一切眾生，具足敬愛鈎召之特德，如：〈觀世音菩薩普門品〉中所言，菩薩有三十三種應化身，這些應化身都是眾生應以何身得度者，菩薩即現何身而爲說法，應以童男童女身得度者，即現童男童女身而爲說法；應以佛身得度者，即現佛身而爲說法。

所以觀音菩薩，並不一定以菩薩的形象出現，他可能是婆羅門，可能是比丘、比丘尼，亦可以是帝釋身、大自在天身、夜叉身、阿修羅身。這種種身都是爲了大悲教化眾生而隨順應現。

而其形像中最著名、普遍被知道的就是以女性慈母形象出現，手持淨瓶、楊柳，以甘露滋潤苦痛眾生的觀音。尤其是在中國，這樣的觀音形象幾乎是眾所皆知的。

截至目前爲止，娑婆世界的觀音形象，還不止於此，流傳在民間的就有所謂的三十三體觀音；在密教中也有六觀音的說法；金剛界、胎藏界的觀音又各有不同的形態。

在胎藏、金剛界二界中，觀音分屬在不同地方：在胎藏界曼荼羅中分別在中台八葉院、蓮華部院（觀音院）、釋迦院、文殊院等四院，都名爲觀自在菩薩。金剛界中則稱爲金剛法菩薩。他們具有各自的形象。

觀自在菩薩在觀音院（蓮花部院）的形象是：左手持未開敷的蓮華，右手作欲打開蓮華姿勢。左手所拿的蓮華，代表一切眾生本來自性清淨，但蓮華未開，正代表眾生爲無明所覆，顛倒迷惑。

右手做欲打開蓮華狀，正代表以大悲功德，解除眾生的無始無明。這種聖觀音形象是較普遍的，一般所說的聖觀音，多指這尊在觀音院的觀自在菩薩。

除此之外，在中臺八葉院西南方的觀自在菩薩，是頂戴寶冠有坐化佛，右手豎拳執開敷蓮花，蓮花向上伸至菩薩頭部右方，右手則豎掌向外。

在釋迦院的觀自在是右手向內持白拂（或赤拂），左拳叉腿。在文殊院的觀自在是右手仰掌置臍，左手豎掌屈食、中指，執開蓮華。而金剛界內，稱金剛法菩薩，也是左手持蓮華、右手作欲開勢，與觀音院的相同。

在這些形象之外，還有很多不同的持物、印相，代表菩薩大悲濟眾之方便。

⦿觀世音菩薩的種子字、真言：

種子字：𑖭（sa）或 𑖿𑖮𑖿𑖨𑖱𑖾（hrīḥ）

【真言】

唵① 阿嚕力迦② 莎訶③

𑖌𑖼① 𑖀𑖩𑖺𑖩𑖰𑖎② 𑖭𑖿𑖪𑖯𑖮𑖯③

oṁ① alolika② svāhā③

歸命① 無染著者② 成就③

南麼① 三曼多② 勃馱喃③ 薩婆怛他蘖多④ 阿縛路吉多⑤ 羯嚕儜⑥ 末耶⑦ 囉囉囉⑧ 吽⑨ 闍⑩

𑖡𑖦𑖾① 𑖭𑖦𑖡𑖿𑖝② 𑖤𑖲𑖟𑖿𑖠𑖯𑖡𑖯𑖽③ 𑖭𑖨𑖿𑖪𑖝𑖞𑖯𑖐𑖝④ 𑖀𑖪𑖩𑖺𑖎𑖰𑖝⑤ 𑖎𑖨𑖲𑖜

namaḥ① samanta② buddhānāṁ③ sarva-tathā
gata④ avalo-kita⑤ karuṇa⑥ maya⑦ ra-ra-ra⑧ huṁ⑨ jaḥ⑩

歸命① 普遍② 諸佛③ 一切如來④ 觀⑤ 悲⑥ 體⑦ 三垢也⑧ 解脫⑨ 從
緣生法⑩

世尊陀羅尼（東北方觀自在菩薩・秘密八印之一）

南麼① 三曼多勃馱喃② 勃馱陀羅尼③ 娑沒哩底沫羅馱那羯嚩④ 馱囉也
薩鑁⑤ 薄伽嚩底⑥ 阿迦囉嚩底⑦ 三麼曳⑧ 莎訶⑨

namaḥ① samanta-buddhānāṁ② buddhā-dhāraṇi③ smṛtivala-dhanakari
④dharaya-satvaṁ⑤ bhagavati⑥ akāravati⑦ samaye⑧ svāhā⑨

歸命① 普遍諸佛② 佛總持③ 念力作益④ 持有情⑤ 世尊⑥ 具形相者⑦

本誓⑧ 成就⑨

藏密的觀音懷愛諸尊

在藏密的觀音菩薩法門中，有特別與敬愛、鈎召法相應者，以下我們分別介紹之：

⊙大悲勝海紅觀音

大慈大悲的觀世音菩薩爲了救度輪迴的眾生，變幻各種不同的形像來度化各種不同根器的眾生。

大悲勝海紅觀音，其身色紅光照耀，象徵攝受度化世間一切有情自在，雙眼炯炯悲光視一切眾生，口念咒語，鼻出智慧表消散諸煩惱，雙耳表方便智慧作調伏，右手持杵表入於菩提道，左手持蓮花表令脫離輪迴垢，二足雙跏趺表爲利眾生住入定，身六寶飾莊嚴表具六度波羅蜜。

其壇城圖中央主尊觀世音世間自在勝海，身紅色，一面四臂，原有雙臂於佛

大悲勝海紅觀音

母背作抱擁狀而合掌托摩尼寶，以次右手握股金剛鈷杵，次左手拈八葉蓮花之莖。佛母金剛亥母身紅色，三目獠牙，並以五顱冠、五十新濕人首、骨飾等作爲莊嚴。

咒語：嗡阿吽啥以嗡瑪尼貝美吽

⦿蓮華舞自在

蓮華舞自在，其身紅色，一面二臂，左手持紅蓮；右手揭其瓣，具足一切莊嚴妙飾，頂髻中有無量光佛。

在本尊的壇城中，其左方有白衣母，右手持蓮，左環抱父佛，皆以菩薩坐安住。

東方白色妙觀母，手持紅蓮；南方綠色救度母，持綠蓮；西方黃自在母，持金輪、鄔婆羅華；北方白顰眉母，持黃蓮；東南紅蓮華座母，持紅蓮；西南藍金剛蓮華母，持白蓮；西北白羯磨蓮華母，持黑蓮；東北雜色羯磨金剛母，持雜蓮；皆一面二臂寂靜相，皆以諸莊嚴妙飾，以菩薩坐安住，頂嚴上師無量光佛。

修此本尊法時，當了知實相自性乃遠離一切所欲，無論是貪染者，乃至所欲貪之人、事、物，皆如此。因此隨順諸位愛染尊之教導，願修此愛染法，超越一切愛染。

咒語：唵施 貝瑪尼地 修喇 吽

⊙威攝三界世間自在

威攝世間自在，其尊形一切皆現爲大愛染紅色，一面二臂具三目，頂上住彌陀。束髮結髻以寶杵爲飾，手持金剛索與金剛鈎杖，表示鈎召攝受一切有情入於佛智，珠寶瓔珞妙飾，以金剛跏趺，座下壓治天、龍、人等三眾，行各種變化布施。

咒語：施以吽 養木

⊙紅世間自在觀音

紅世間觀自在菩薩，全身紅色，以花蔓與紅色天衣、彩裙、瓔珞嚴飾，一面四臂，二手持金剛鈎杖、金剛索，次二手持弓箭，具愛染姿態。有無量光佛頂嚴安住。

右側度母，左側顰眉母，皆一面二臂。

咒語：唵　機紀機紀納　紀必洛必洛必　阿木楨梭大納　巴里瓦喇　美拔　下瑪納呀　梭哈

⊙特別懷愛世間自在

觀特別懷愛世間自在，其身紅色，一面二臂，左手持紅蓮華；右手平舉明示，一面二臂，左手持紅蓮華；右手平舉明示，各種瓔珞妙飾，束髮結髻，頂戴無量光佛，金剛跏趺坐。種姓上師無量光佛頂嚴。

咒語：唵　吽

◉紅色法界語自在

紅色法界語自在，四面八臂，其身與四面皆爲紅色，八臂中右四手持物分別爲：箭、羂索、般若經典、金剛杵；左四手持物爲：弓、鈎杖、般若劍、金剛鈴。具大愛染姿態，以天衣珍寶瓔珞嚴飾，頂髻有阿彌陀安住，以遊戲姿安住於雜色蓮花月輪上。

咒語：唵　嘛哈喇嘎　麥扎喇嘎呀　沙爾哇　薩埵吙

千手觀音

【特德】 千手觀音以大悲心具足無量廣大度眾方便，修持其懷愛法可得一切眾生敬愛，使夫妻和合。

千手觀音（梵名 Avalokitesvara-sahasrabhuja-lo-cana），是指具有千手、

千手觀音

千眼，而每一手掌上各有一眼的觀音菩薩，又稱作千手聖觀自在、千臂觀音、千光觀自在、千手千眼觀自在、千手千眼觀世音，千眼千臂觀世音，或稱千眼千首千足千舌千臂觀自在。在六觀音中，是主救度地獄道一切眾生的怙主。

此尊是蓮華部（或稱觀音部，爲密教金剛界五部之一，或胎藏界三部之一）果德之尊，故稱蓮華王。蓮華部皆以大悲爲本誓，但以此尊爲蓮華王，故特以大悲金剛爲密號。位列於胎藏界曼荼羅虛空藏院內，表蓮華部之德。

在《千光眼觀自在菩薩祕密法經》中說：「大悲觀自在，具足百千手，其眼亦復然，作世間父母，能施眾生願。」這裏的「千」，是代表無量、圓滿之義。也就是「千手」象徵著此觀音大悲利他的方便，無量廣大，「千眼」象徵其應物化導時，觀察機根的智慧圓滿無礙。

在《大悲心陀羅尼經》中記載觀音菩薩具足千手千眼的因緣：過去無量億劫有千光王靜住如來出世，因爲悲憫一切眾生，所以宣說廣大圓滿無礙大悲心陀羅尼，當時觀世音菩薩一聞此咒，就從初地直超八地菩薩境界，心得歡喜，所以發起願身生出千手千眼，以利益安樂一切眾生的廣大誓願，並應時身上具足千手千

千手觀音

眼。

◉千手觀音的懷愛法

在《覺禪鈔》卷四十二千手觀音法中，載有千手觀音敬愛息災之修法：「軌云：：於壇西面安千手千眼觀自在菩薩，持誦者於壇東，對像敷茅薦爲座。師口云：：小野傳，行敬愛爲祕事，但連壇之時息災可修也，或人三十壇供，付敬愛，出赤色淨衣，諸人嘲之，又四十所持，依五種法歟。」

《覺禪鈔》中並說當時先跡白河院御時權僧正被修之，有法驗云云。又說，當時也有祇園女，御奉爲院眾不和時，令修千手敬愛法。

經典中亦說：：若有夫妻不和，如水火者不容，取鴛鴦尾，於大悲心像前呪一千八返，身上帶，彼此即終身歡喜相愛敬。

又說，夫妻不和時，若供養、若護摩，可勤修千手法，但鴛鴦一雙，尾乍生拔取之，尾裏莖。夫鳥尾夫姓名書，妻鳥尾妻姓名書，以朱砂書也。裏方合糸以本結尻頭捻。行者右脇機置之。

依據《千光眼觀自在菩薩祕密法經》、《大悲心陀羅尼經》所記載，千手觀音的四十手各表徵不同的特德，並顯化出相應四十尊觀音，以下是與敬愛、鉤召相應的諸尊：

1. 敬愛法蓮華部

合掌手：現敬觀音，人非人愛念。真言：唵(引)尾薩囉尾薩囉吽泮吒

寶鏡手：鏡智觀音，得智慧。真言：唵(引)尾薩普囉那囉葛叉攞日囉(二合)曼荼攞羅吽泮吒

寶印手：智印觀音，得辯才。真言：唵(引)嚩日囉(二合)儜擔惹曳薩嚩(二合)賀

玉環手：持環觀音，得男女僕使。真言：唵(引)鉢娜銘味囉野薩嚩(二合)賀

胡瓶手：持瓶觀音，善和眷屬。真言：唵(引)揭𡃤(二合)摻滿焰薩嚩(二合)賀

軍持手：禪定觀音，生梵天。真言：唵(引)嚩日囉(二合)勢佉囉嚕吒唅吒

紅蓮手：天花觀音，生諸天宮。真言：唵(引)商揭𡃤(二合)薩嚩(二合)賀

錫杖手：慈杖觀音，得慈悲心。真言：唵(引)那嘌智那嘌智那嚩吒鉢底那嚩帝娜夜鉢儜吽泮吒賀

2.鉤召法羯磨部

鐵鉤手：鉤召觀音，善神擁護。真言：唵引阿嚕嚕合二哆囉迦囉毗沙曳曩謨引薩嚩合二賀

頂上化佛手：灌頂觀音，得佛授記。真言：唵引嚩日哩合二尾嚩日藍合二藝薩嚩合二賀

數珠手：念珠觀音，佛來授手。真言：曩謨引囉怛曩合二怛囉合二夜野唵引阿那婆帝尼惹曳悉地悉馱嘌簪薩嚩合二賀

寶螺手：持螺觀音，呼召善神。真言：唵引商揭嚇合二摩賀糝滿焰薩嚩合二賀

寶箭手：速值觀音，遇善友。真言：唵引迦摩攞薩嚩合二賀

寶篋手：見隱觀音，得伏藏。真言：唵引嚩日囉合二播設迦哩揭曩鈐囉吽

髑髏手：縛鬼觀音，使令鬼神。真言：唵引度曩嚩日羅合二啉

五色雲手：仙雲觀音，成就仙法。真言：唵引嚩日囉合二迦哩囉吒鈐吒

⊙千手觀音的形像

此尊的儀軌及圖像，直至初唐時代始傳來中國。據《千眼千臂觀世音菩薩陀

羅尼神呪經》序文所載，唐．武德年中（六一八～六二六），中天竺婆羅門僧瞿多提婆攜來此尊形像及結壇手印經本。貞觀年中（六二七～六四九），另有北天竺僧奉進《千臂千眼陀羅尼》的梵本，後由智通譯成漢文。由此推論，此尊的信仰應是形成於西元七世紀。

千手觀音的形像，在各種經軌中所記載並不相同：

根據《千眼千臂觀世音菩薩陀羅尼神呪經》卷上、《千手千眼觀世音菩薩姥陀羅尼身經》所說，是身作檀金色，一面千臂。《千手千眼觀世音菩薩姥陀羅尼身經》中另說千臂中十八臂的印相持物。

依照《千光眼觀自在祕密法經》所說，此尊身是黃金色，於紅蓮華上半跏趺坐，有十一面四十手。十一面中，當前三面作菩薩相，本面有三目，右邊三面作白牙向上相，左邊三面是忿怒相，當後一面為暴笑相，頂上一面作如來相。

依《攝無礙經》中所說，是身金色，千臂千眼，有五百面。

依據《世尊聖者千眼千首千足千舌千臂觀自在菩提薩埵怛嚩廣大圓滿無礙大悲心陀羅尼》所說，其尊形為千眼、千頭、千足、千舌、千臂之相。

於現圖胎藏界曼荼羅中，此尊則有二十七面千臂，結跏趺坐於寶蓮華上。千手中，有四十手（或四十二手）各持器杖，或作印相，其餘各手不持器杖。

其中，千手觀音「十一面」代表滿足十地十波羅蜜的菩薩境界，而證得第十一地的妙覺位，與十一面觀音相同。「五百面」即相應於千臂千眼之意。

而千手觀音具足「千臂」的意義，依據《千光眼觀自在菩薩祕密法經》所述，「千手」表示四十手各濟度三界二十五種存有眾生（即一種存有眾生配上四十手、四十眼），合爲千手千眼。所以一般見到之千手觀音，常以四十臂代表之。又，四十爲五、八相乘之數，所以也稱爲「五八尊」。

依《大悲心陀羅尼經》所載，四十手所持之物或所作的印相爲：如意珠、羂索、寶鉢、寶劍、跋折羅、金剛杵、施無畏、日精摩尼、月精摩尼、寶弓、寶箭、楊枝、白拂、胡瓶、傍牌、斧鉞、玉環、白蓮華、青蓮華、寶鏡、紫蓮華、寶篋、五色雲、軍持、紅蓮華、寶戟、寶螺、髑髏杖、數珠、寶鐸、寶印、俱尸鐵鉤、錫杖、合掌、化佛、化宮殿、寶經、不退金輪、頂上化佛、蒲萄。

另外，有人將四十手加上甘露手，而成爲四十一手；或加上中央的蓮華合掌及入定印，而成爲四十二臂。

◎千手觀音的種子字、真言

種子字：（hrīḥ）或（sa）

【真言】

唵① 縛日囉② 達磨③ 紇哩④

oṃ① vajra② dharma③ hrīḥ④

歸命① 金剛② 法③ 紇哩（種子）④

（關於彰顯千手觀音內證功德的根本咒—大悲咒，請參閱佛教小百科第九冊〈佛教的真言咒語〉第三篇）

準提菩薩

準提菩薩的功德廣大、感應至深，修持其敬愛法門，能鈎召一切眾生，使其心性歡喜，為一切諸佛所護念，並能使夫妻和樂，他人敬愛。

【特德】

準提（Cundhi），爲清淨之義，此即代表準提觀音心性的清淨皎潔。是代表覺悟到眾生本性清淨。其漢譯的名稱中有準提觀音、準提佛母、尊那佛母及七俱胝佛母等不同名稱，是一位極受崇仰的菩薩。

準提菩薩是護持佛法，並能爲眾生延壽護命的菩薩。而「七俱胝佛母」之名（梵名 Sapta-koṭi-buddha-mātṛ），則出自《七俱胝佛母准提大明陀羅尼經》，該經中有「過去七俱胝准提如來等佛母准提陀羅尼」之語。七俱胝即七千萬，有時七俱胝佛母又被稱爲三世佛母，這和文殊菩薩被稱作三世佛母是同樣的意義。但是「準提佛母」的說法，主要是來自七俱胝佛母，是三世諸佛之母的意思，又

準提菩薩

稱爲三界母或世母（世間的母親）。

準提菩薩的功德廣大、感應至深。所以此尊的真言，不僅爲密教徒所熟悉，並且也成爲顯教徒日常課誦的密咒。

準提菩薩的福德智慧無量。而於《准提陀羅尼經》所載，佛陀爲了悲念未來的薄福惡業眾生，所以入於準提三摩地，宣說過去七俱胝（千萬）佛所說的準提咒。而準提咒的修學並沒有限制，是不分任何身分者，都可以修學誦持的，依此也可見到這位菩薩的慈悲。經中說若是誦持此咒，則能生起菩提分的根芽，決定能成就無上菩提。持誦者亦可祈求聰明、辯論勝利、夫婦敬愛、使他人敬愛、求兒、延命、治病、滅罪、降雨、脫離拘禁、離惡鬼惡賊之難……等種種的願望。所有世、出世間的祈願無不滿足。

由於準提菩薩千祈千應、功德無盡，所以廣受佛教徒的崇仰，也成爲眾所皆知的菩薩之一。

準提菩薩

⊙準提菩薩敬愛法門

在《七俱胝佛母所說准提陀羅尼經》中，記載本尊之敬愛修法：

「伐施迦囉羯法者，若欲令一切人見者發歡喜心，攝伏鉤召若男、若女、天龍八部、藥叉女及攝伏鬼神，有諸怨敵作不饒益事，皆令迴心歡喜，諸佛護念加持，是名攝召敬愛法。作此法者，身著赤衣，面向西豎二膝並腳名普賢坐，觀本尊及所供養香、花、飲食、菓子、燈燭、地等並皆赤色，從十六日至二十三日，日三時念誦，夜作護摩。攝召真言曰：唵者禮主禮准泥令某甲嚩試矩嚕娑嚩賀」

又說：「以如來印八大菩薩所加持身，若作息災，增益、降伏、敬愛，隨四種法所謂白黃黑赤，成辦悉地。

即結布字印：二手內相叉，二大指二頭指二小指相合即成。想唵 字安於頂，以大拇指觸頭上；次想兩目，童人上俱，想者 字，復以大拇指觸右左眼上；次想禮 字安於頸上，用大拇指觸；次想主 字當心，以大拇指觸；次想禮 字安左右肩，以大拇指觸；次想准 字安臍上，以大拇指觸；次想泥

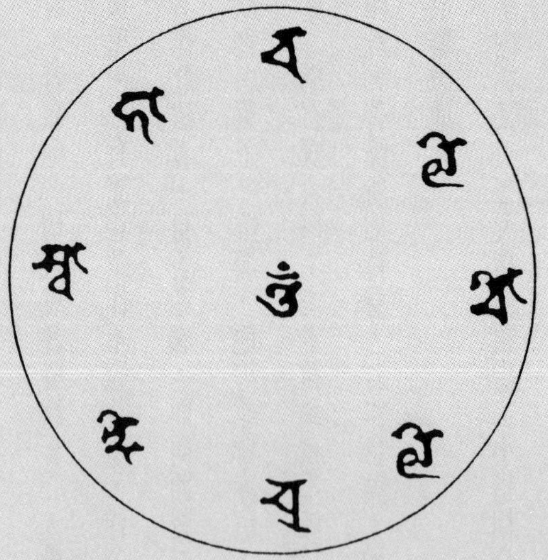

準提咒輪

字安右左兩髀上，以小指觸；次想娑嚩字安右左兩髀上，以小指觸；次想賀字安右左二足掌，用小指觸。

由想布真言結印加持故，行者身即成准泥佛母身，滅除一切業障，積集無量福德吉祥，其身成金剛不壞體。若能常專注觀行，一切悉地皆得見前，速證無上正等菩提。

次結根本印，誦根本真言七遍頂上散印，即取菩提子念珠具一百八，作法貫穿，即以塗香塗其珠上，以二手掌中捧珠當心，誦真言七遍加持念珠，真言曰：

唵尾嚧遮那麼羅娑嚩賀

加持頂戴，心口作是願言：『我今欲念誦，唯願本尊諸佛菩薩加持護念，願令速得隨意所求悉地圓滿。』

然後以左手無名指、大指承珠，右手以大指、無名指移珠，手如說法相。當於心前持珠念誦，其聲不緩不急，心專注不異緣，觀自身同本尊身相好具足。

由想布真言結印加持故，行者身即成準提佛母身，滅除一切業障，積集無量福德吉祥，其身成金剛不壞體，若能常專注觀行，一切悉地皆得見前，速證無上正等菩提。」

⊙準提菩薩的形像

準提菩薩形像，有多種，有二臂、四臂……乃至八十四臂等九種。一般所供奉的大抵以十八臂三目者為多。

《阿娑縛抄》所舉為八臂像：立像頂上安置化佛，二手合掌，左第二手蓮華，第三手索，第四手掌向外，指先下垂。右第二手握錫杖，第三手白拂，第四手如左。

在《七俱胝佛母所說准提陀羅尼經》所記載為十八臂像，其身呈黃白色，結跏趺坐於蓮花上，身佩圓光，著輕縠衣，上下皆為白色，有天衣、角絡、瓔珞、頭冠等莊嚴，十八臂皆著螺釧，面有三目。上二手作說法相，右第二手作施無畏，第三手執劍，第四手持寶鬘，第五手掌上置俱緣果，第六手持鉞斧，第七手執鉤，第八手執金剛杵，第九手持念珠；左第二手執如意寶幢，第三持開敷紅蓮花，第四手軍持，第五手羂索，第六手持輪，第七手商佉，第八手賢瓶，第九手掌上置般若梵篋。

在《白寶口抄》卷第六十中，依據《七俱胝佛母所説准提陀羅尼經》及相關經軌中所説之形像，分別解説其意義：

七俱胝佛母尊其身黃白色事：

黃色  字胎（胎藏界），白色  字金（金剛界），是理智不二定惠一體故，有諸佛能出生萬德。

種種莊嚴其身：

準提菩薩以種種莊嚴其身，腰著白衣，衣上有花文，身著輕羅綽袖天衣，以綬帶繫腰，以朝霞絡身，身有白輕羅綿之文。此種種莊嚴，象徵以種種塵沙諸法也，以之爲莊嚴，凡夫以菩提爲煩惱，菩薩以煩惱爲菩提故。

其像周圓光明光焰：

菩薩之光明光焰者，象徵智能破除安心黑闇。

以白螺爲釧：

西天以白螺爲寶故，以白螺寶爲釧也，以螺貝彰顯説法義。白色表白淨大悲，白螺其音更是殊勝，以白螺表示廣弘佛法。

菩薩面上有三目：

三目者，表理、智、事三義，或說表佛部、金剛部、蓮華部三部。

菩薩上二手作說法相：

此尊於六觀音中，主要以度化人道為主，能破三障故，示現三眼之智，說法利生。

右第二手結施無畏印：

此表五智之光明，施一切眾生無畏。

右第三手把劍：

表示以智慧劍降四魔三障，破害三毒、五欲之敵。

右第四手持數珠：

數珠代表智慧，亦表轉法輪義也。數珠之母珠象徵本師阿彌陀，數珠緒為觀音，是以觀音大悲緒，貫百八之煩惱，每轉一珠斷一煩惱故，能斷百八煩惱證，成百八三昧。一一皆具諸法如妙德神力不思議，一一悉具無量身、口、意本誓三昧。

右第五手持微惹布羅迦菓：

微惹布羅迦菓一者說爲吉祥菓，其形青圓也，或有說爲石榴，表圓滿萬行萬善之種子，彰顯佛果圓滿功德義也，佛母尊多持此尊，以其子多故。

右第六手把鉞斧：

鉞斧能摧破一切，故以之表此尊能摧破無明難斷惑障，沒有餘漏。

右第七手把鉤：

鉤召一切眾生，令入本有內證之法界宮。是有召入如來寂靜智德故持鉤也。

右第八手持跋折羅：

跋折羅即三股杵，表摧滅貪瞋痴三毒，彰顯三部諸尊，是三部佛母。

右第九手把寶鬘：

貫花葉物也，是成花鬘也，表萬德莊嚴義、具平等性智之功德。

左第二手持如意寶幢事：

如意寶幢，表高立清淨菩提心寶幢，對無福惠之貧乏眾生，施與世間及出世間勝願。

左第三手把蓮花事：

開敷紅蓮花是可愛色，此尊人道能度化之主也，所以特別以蓮花手表此德。又蓮花自性清淨故，代表一切諸法自性清淨義也，是清淨人界三毒五欲一切非法事之義。

左第四手把澡罐事：

澡罐指水瓶，瓶是一切物能盛滿義也。此佛母尊出生三部諸尊盛滿之德也。

第五手持索：

羂索能降伏惡魔，忿怒諸尊皆持索，此尊繫縛難伏者，不令傾動，引入本有佛智，爲具懷愛、鉤具懷愛、鉤召特德常見之本尊持物。

第六手把輪：

輪是轉動摧破義，代表破除二十五種存有生死流轉，流轉既滅輪即止。

第七手持螺：

吹大法螺表演大法義，作師子吼。

師子吼時，山野獸類皆被降伏，今以大螺聲令降伏眾生煩惱或障礙。

第八手持賢瓶：

此賢瓶三昧耶形，代表智慧，此尊以甘露水施予一切眾生，令其開敷本有覺性之花。

第九手持般若篋：

梵篋表智惠體也，十方三世佛菩薩，依此般若成正覺故，此尊諸佛能生母故，持般若篋。

此外，西藏所傳準提菩薩有四臂像，結跏趺坐於蓮花上，左右之第一手安於膝上持鉢，右第二手下垂作施無畏印，左第二手屈於胸前，執蓮花，花上安置一梵篋。

錫蘭所傳的準提菩薩銅像爲四臂像，頂上戴定印之化佛，左第一手安於臍前，第二手持寶珠；右第一手執獨鈷杵，第二手上舉，拇指與無名指相捻。乳部豐滿，表佛母之相，此外，另有十四臂、六臂等像。

⊙准胝觀音的種子字、真言

種子字：（bu）

【真言】

根本真言

南無① 颯哆喃三藐三勃陀俱胝南② 怛姪他③ 唵④ 折隸⑤ 主隸⑥ 准提⑦ 莎訶⑧

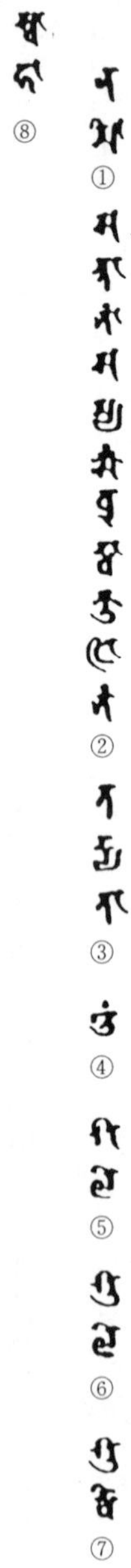

namaḥ① saptānāṁ-samyaksambuddha-koṭīnāṁ② tadyatā③ oṁ④ cale⑤ cule⑥ śundhe⑦ svāhā⑧

歸命① 七千萬正等覺② 即說③ 唵④ 覺動⑤ 起昇⑥ 清淨⑦ 成就⑧

第二根本印

唵① 迦麼黎② 尾麼黎③ 准泥④ 娑嚩賀⑤

oṁ① kamale② vimale③ śundhe④ svāhā⑤

歸命① 蓮華② 無垢③ 清淨④ 成就⑤

如意輪觀音

【特德】

如意輪觀音能滿足眾生心願，所求如意，具足福德，使眾人愛敬。

修持其法能得王者、貴人及女人愛敬。

如意輪觀音（梵名 Cintāmaṇi-cakra），梵名音譯爲振多摩尼。

其尊名中的 cintā是思惟、所望、願望的意思，mani 爲寶珠之義，cakra 可譯作圓、或輪。因此意譯爲所願寶珠輪或如意珠輪，而自古以來多譯作如意輪、

六臂如意輪觀音

如意輪王。

此菩薩可如意出生無數珍寶，即住所謂「如意寶珠三昧」，常轉法輪，攝化一切有情，滿足富貴、財產、智慧、勢力、威德等心願。全稱爲如意輪觀世音菩薩，又稱作如意輪菩薩。

如意輪觀音一手持如意寶珠，象徵能出生世間與出世間的二種財寶，以布施眾生，令眾生生出福德；一手持金輪，象徵能轉動無上妙法以度眾生，令眾生出生智德。

依《如意輪陀羅尼經》所說，過去世時，觀世音菩薩曾經得到世尊的加持，而宣說如意輪陀羅尼。此一陀羅尼有大威神力，能滿足有情眾生的一切勝願。其作用分別有世間和出世間兩方面，所謂世間的作用，是誦念課法時，能勝願成就，攝化有情，不論富貴資財、勢力威德都得以成就。而出世間的作用，是能具足福德慧解、資糧莊嚴，悲心增長，濟度有情，眾人愛敬，持誦者眾多。

十二臂如意輪觀音

⊙如意輪觀音敬愛法

《覺禪鈔》卷四十八中，提及如意輪觀音之敬愛法：

依經云：護摩法饒益有情，於清淨處，方量三肘塗地，當中圓一肘深半肘穿，火爐，以黃土泥磨拭。取白栴檀木，長二指半截之，次白芥子、沈香等。五更護摩，五無間罪消滅，七日護摩壽命無夭，三七日福壽增起，國王等敬愛。三七日三十三天日月天子、四天王、明仙眾來擁護，觀自在現身，隨願滿足敬愛。

又說：若人欲得國王所愛者，取波羅木長十指，二十段，以胡麻油漬之一宿，以根本真言加持百八返燒之，得國王愛敬。世、出世七珍百寶現前，三界中貴物應意生。

又云：若欲得女人愛敬者，取白芥子一合加持百八返，打其姓名，即得玉女子王。又云：若有女人薄福，種種惡現世，取桑樹汁，加持百八返，浴頭及身，滅惡相，現福相，爲男子被愛敬。

而在經典中又說如意輪觀音能滿足眾生一切世間、出世願求。據經中云：爾時世尊出迦陵頻伽美妙梵說深妙偈，讚觀自在菩薩善哉！善哉！善男子，汝能愍念諸有情，於是如意陀羅尼竝濟有情，得大勝益，令信受者速消罪，當超三界證菩提，隨方若有修持者，世出世願得圓滿。

又云：復有二法：一在世間，二出世間。言世間者，所謂誦念果法，勝願成就，攝化有情，富貴資財勢力威德，皆得成就。言出世間者，所謂福德智惠解，資糧莊嚴，悲心增長，濟苦有情，衆人愛敬。

⊙如意輪觀音的形像

如意輪觀音的形像，種類甚多。計有二臂、四臂、六臂、八臂、十臂、十二臂等多種。

如意輪觀音常見的有六臂像，在《觀自在菩薩如意輪瑜伽》中記載：「六臂身金色，皆想於自身，頂髻寶莊嚴，冠坐自在王（彌陀），住於說法相。第一手思惟，愍念有情故。第二持（如）意寶，能滿一切願。第三持念珠，爲度傍生苦。左按光明山，成就無傾動。第二持蓮手，能淨諸非法。第三契輪手，能轉無上法。六臂廣博體，能遊於六道，以大悲方便，斷諸有情苦。」此外，也有作頭上戴寶冠，冠上安置化佛，左第一手開寶華，第二手金色盤，第三手開紅蓮；右第一手跋折羅（金剛杵），第二手降魔印，第三手向臍下，於寶蓮上結跏趺坐，又頭上兩邊有天女呈散花之姿的造形。

其中二臂像自古以來傳有四種：第一種爲，頭上戴寶冠，寶冠上安置化佛，左手執寶蓮，其中有三瓣如意寶珠，右手仰掌持如意寶珠，坐蓮花座。次爲頭上戴寶冠，冠上安置化佛，左手垂置膝上，右手屈臂仰掌，著緋色袈裟，當三重大白月圓光中，垂左腳，坐海中石山青蓮華上。

第三種則繪三十二葉開敷蓮華，華台上繪如意輪聖觀自在，面西結跏趺坐，顏貌熙怡，身映金色，首戴寶冠，冠上安置化佛，左手執已開蓮華，蓮華台上繪如意寶珠，右手結說法印。其身著衣服、珠瑺、環釧、七寶瓔珞莊嚴，放眾光。第四種，左手執摩尼珠，舒右手結施願印，身白紅色，坐大蓮華上。以上二臂像的四種形態中，以最後一種的造像「如意輪觀世音菩薩」爲最原始之正形。

四臂像則傳有於觀音前繪池水，池上有山，山上有紅蓮華，觀音坐蓮華上，垂左足，右足扶左上足，著草履。頭冠中有化佛，化佛如仰半月，左第一手向下至腰，第二手以拇指、食指捻白珠。右第一手屈上肘附膝上，拇指、中指捻數珠，第二手捧梵甲，四手腕各著釧。又於池中東方繪龍女、天人，西方繪龍鬼及毗那夜迦（大聖歡喜天。）

十臂像則於《覺禪鈔》描述爲：左右第一手於頂上合掌，左第二手持日珠，第三手如意寶珠，第四手澡瓶瓶口附著青蓮，第五手執呪索。又右第二手持月珠，第三手持輪，第四手持跋折羅，第五手持念珠。頂上放大光明，照十方大地，身著天衣，頭、項、兩手有七寶瓔珞。另有十地菩薩（Daśa-bhūumayah-bodhisattva）由地湧出，一一手捧觀音足。又於，如意輪觀音像左邊畫有梵天、毗沙門（多開天）、毗樓博叉（廣目天），右邊繪有帝釋天、提頭羅陀（持國王）、毗樓勒叉（增長天）。此十臂像略去第五左右兩手即成八臂像。

十二臂像，身白紅色，緋絡縛，朝霞曼胯，紅紗爲裙，腳踏白蓮在水池中。左右二手於頂上合掌，左第一手捧金輪，第三手無名指、拇指二指捻寶蓮華莖，蓮華內有一如意寶珠，第四手歡喜印，第五手澡罐。右第二手跋折羅，第三手如意杖，第四手三股叉，第五手施無畏；左右第六手結自在神通如意神力印。又，上有二天散華供養，下左畫有金剛王藏菩薩，右畫軍荼利菩薩。

⊙如意輪觀音的種子字、真言

種子字：𑖮𑖿𑖨𑖱𑖾（hrīḥ）

【真言】

中咒

唵① 跛娜麼② 振多麼呢③ 入嚩攞④ 吽⑤

𑖌𑖼① 𑖢𑖟𑖿𑖦② 𑖓𑖰𑖡𑖿𑖝𑖯𑖦𑖜𑖰③ 𑖕𑖿𑖪𑖩④ 𑖮𑖲𑖽⑤

oṁ① padma② cintā-maṇi③ jvala④ hūṁ⑤

歸命① 蓮華② 如意寶珠③ 光明④ 吽（摧破之義）⑤

小咒一

唵① 縛羅那② 跛納銘③ 吽④

𑖌① 𑖪𑖨𑖜② 𑖢𑖟𑖿𑖦𑖸③ 𑖮𑖳𑖽④

oṁ① varaṇa② padme③ hūṁ④

歸命① 與願② 蓮華③ 吽（摧破之義）④

小咒二

唵① 麼尼② 鉢頭迷③ 吽④

𑖌① 𑖦𑖜𑖰② 𑖢𑖟𑖿𑖦𑖸③ 𑖮𑖳𑖽④

oṁ① maṇi② padme③ hūṁ④

歸命① 寶珠② 蓮華③ 吽（摧破之義）④

不空羂索觀音

【特德】持誦不空羂索大神咒，可獲眾人恭敬愛重，使一切眾生心生歡喜。

而此尊亦能以大悲羂索，鉤召一切眾生，入於佛智。

不空羂索觀音（梵名Amogha-pāśa），梵名音譯爲阿謨伽皤捨，amogha意爲不空，pāśa則爲羂索之意。全稱爲不空羂索觀世音菩薩；又稱不空王觀世音菩薩、不空廣大明王觀世音菩薩、不空悉地王觀世音菩薩、不空羂索菩薩，密號爲等引金剛。

不空羂索觀音一名中的「不空」（Amogha），是指心願不空之意。「羂索」（pāśa）原指古代印度在戰爭或狩獵時，捕捉人馬的繩索。以「不空羂索」爲名，是象徵觀世音菩薩以慈悲的羂索，救度化導眾生，其心願不會落空的意思。

而其亦以羂索爲三昧耶形。

不空羂索觀音

依《不空羂索神變真言經》所傳，在過去第九十一劫最後劫，觀世音菩薩曾經接受世間自在王如來的傳授，而學得不空羂索心王母陀羅尼。並於初得此陀羅尼時，即證得十百千不空無惑智莊嚴首三摩地門，由此真言之力，現見十方無量無數種種剎土諸佛如來所有會眾，而皆供養聽聞深法，輾轉教化無量有情，皆得發趣無上菩提。此後，觀世音菩薩即常以該真言教法，化導無量百千眾生。因此，當觀世音菩薩示現化身，以此法救度眾生時，便稱爲不空羂索觀音。

在《覺禪鈔》卷第五十中說，持誦不空羂索大神咒，可獲眾人愛敬，使一切有情見之皆歡喜愛樂尊重無厭足：

在經中說，若有善男子善女人，於白月八日受持齋戒，專心誦大神呪，乃至七返，不雜異語則現世得二十種勝利：

一者，身無眾病安穩快樂。二者，由先業力雖有眾病速疾除癒。三者，身體細軟皮膚光澤，面目鮮明。四者，眾人愛敬。五者，密護諸根。六者，多獲財。七者，所得財寶，王賊水火不能侵損。八者，所作事業皆善成辨。九者、所有種植不畏惡龍霜雹風雨。十者，有稼穡災橫所侵，以此呪心呪灰水，經七遍已

不空羂索觀音

，於其由八方上下散灑，災橫即除滅。十一者，不爲一切鬼神羅剎等，害精氣。十二者，一切有情見歡喜，愛樂尊重無厭足。十三者，常不怖畏，一切怨讎。十四者，設有怨讎，速自消滅。十五者，人非人等不能侵害。十六者，厭魅呪咀，蟲道不著。十七者，煩惱纏垢不現行。十八者，刀毒水火不能傷害。十九者，諸天善神常隨衛護。二十者，生生不離慈悲喜捨。

在《覺禪鈔》卷第五十中，記載抱不空羂索菩薩腰誦持其真言者，可得世人敬愛：「經二十二云：按像足上，誦大奮怒王真言，所有過去積集善根，悉皆來集，當得富饒。若每晨時瞻視像面誦真言者，得諸貴人恭敬供養，又抱像腰誦真言者，世人敬愛心，抱像膝誦真言者，一切金剛當自歸伏，力如金剛。

若按像頂誦真言者，當得夢見十方三世一切如來摩頂祐護，不入三塗，得不退。抱像右耳邊誦真言者，得富貴圓滿，若像左耳邊誦奮怒王真言者，得一切藥叉羅剎恭敬給侍。」

同卷中又記載：「應廣供養聖觀自在，於尊者前一心淨信，應誦不空羂索神呪王一百八返，常爲國王、大臣、婆羅門、居士等之所敬重，一切之所愛樂。」

在《白寶口抄》卷第六十六中又說：「經第二云：以大悲心讀誦受持此祕密心真言百八遍者，是人則爲十方殑伽沙俱胝那庾多百千微塵世界，所有一切如來、應、正等覺，一時讚歎而攝受之，于千劫來積集惡業一切重罪，皆盡散壞，一切怨讎、惡相、病惱亦消滅，速得觀世音菩薩夢覺現身當與諸願。」

而不空羂索觀音，安坐於赤蓮花上，表觀音慈悲懷愛之特德。

其根本手印，不空羂索菩薩印是四攝菩薩中金剛索菩薩之手印。在《白寶口抄》卷第六十六中說：「今根本印真言出千手軌，是四攝中索印明也，名不空羂索菩薩印呪，彼儀軌不用普通四攝印，以四觀音印明爲四攝。」

同卷中又說：「諸觀音中不空羂索觀音，以羂索爲名，亦爲三昧耶形，故以不空羂索爲索菩薩也。

羂索者，千手四十臂中一手三昧耶形，彼一一三形，正雖表其一德，實兼其眾德，此羂索四攝大悲方便也，彼以千手軌四攝印明用此尊深意，其德同一體也，故依彼儀軌習傳此法也。」

此皆說明不空羂索菩薩特具鈎召攝化眾生之德。

同卷中又說「以羂索相顯本誓印也，凡蓮花三昧觀音印總表慈悲，羂索此尊本誓也，謂順違眾生引入平等，於弘誓大海中，令拔苦與樂事，暫不空故，稱不空羂索。今此印相表彼功德也。」

不空羂索觀音，因為憐念一切眾生染著各種慾望，無法開啟本具覺性，因此以大悲羂索，鉤召一切眾生，入於佛智。《白寶口抄》卷六十六中說：「一切眾生著諸慾，無開自性覺德故，以觀音大悲三昧，入眾生貪染之泥中，眾生妄念即表諸佛大悲也。」

⊙不空羂索觀音的形像

此尊尊形有多種不同形像，依《不空羂索神變真言經》所述，其形一面四臂，面目熙怡，首戴寶冠，冠有化佛，四臂除有一手揚掌外，餘三手分別執蓮華、羂索、三叉戟。同經亦列有三面六臂像，說其正面熙怡，左面顰眉怒目張口，上出獠牙，右面顰眉怒目合口。首戴寶冠，冠有化佛；各手執蓮華、羂索、三叉戟；一手施無畏，一手舉掌，結跏趺坐，坐蓮華上。

此菩薩在胎藏曼荼羅觀音院內，形相爲三面四臂，每面皆有三目，正面肉色、右面青色、左面黑色，表三德之意。左第一手持蓮華，第二手攜羂索，右第一手持念珠，第二手執軍持。並披有鹿皮袈裟。

另外有一面三目十八臂、一面四臂（或三十二臂）、三面二臂（或四臂、六臂、十臂、十八臂）等等，最普遍的應是一面三目八臂像，其形相如下：

眉間白毫上豎有一目，左右一手合掌當胸，左次手持蓮花，次手於膝上持羂索，第四手作與願印；右第二手持錫杖，第三手於跏上持白拂，第四手作與願印，垂諸指仰掌，左右相對作同印不持物。二足以左安右上，著鹿皮袈裟。

⊙藏密的不空羂索觀音

不空羂索觀音在藏密中也有各種造型，如六臂、十臂、四臂等，一面十臂之造形及壇城如下：

不空羂索觀自在身白色寂靜相，一面十臂，右手依次爲勝施印、三叉杖、寶珠串、箭、鈎杖；左手依次爲紅蓮、須彌山、金軍持瓶、羂索、弓。髮結髻，頂上無量光佛身披白絡腋，雙足平立於寶山雜色蓮花月輪之上。

彼前方蓮月輪上紅哈字化鈎杖，鈎杖復化淺黃色不空鈎菩薩，四臂右持鈎與杵；左持索與蓮，身飾皆紅，著大唐中土衣裳，髮結髻。

右方蓮日輪上紅吽字化有蓮花表幟之白骨杖，復由骨杖變現馬頭明王，身如烈日末劫火一般，主臉口出怖畏吽聲，髮上有綠馬頭，身矮腹寬，四臂右持骨杖與杵；左結期剋印與持蓮，蛇飾等種種身莊嚴，下著虎皮裙，威立姿。

後方藍哈字化寶劍，復劍變現桔紅色一髮母，一髮蜷曲，忿怒三目，上披象皮衣，下著虎皮裙，具蛇飾，四臂右持劍與彎刀；左持鄔婆羅華與顱器。

左方蓮月輪上黃查字化蓮華，復由蓮變現黃色顰眉母，白衣連裙直垂天女瓔珞飾，四臂右持蓮與數珠；左持棒與軍持瓶。

咒語：嗡施以戒　洛嘉比雜呀　阿莫嘎拔下　扎地哈打　施以哈吽呸　梭哈

⊙不空羂索觀音的種子字、真言

種子字：（mo）或（sa）或（hūṃ）

【真言】

蓮華羂索

唵① 阿謨伽② 破娜摩③ 播捨④ 矩嚕馱⑤ 羯囉灑野⑥ 鉢囉吠捨野⑦ 摩訶跛輸跛底⑧ 焰摩⑨ 嚩嚕拏⑩ 矩吠囉⑪ 沒囉憾摩⑫ 吠灑馱囉⑬ 跛那麼矩攞⑭ 三麼琰⑮ 吽吽⑯

oṃ① amogha② padma③ pāśa④ kodhā⑤ karṣaya⑥ praveśaya⑦ mahā-pacupati⑧ yama⑨ varuṇa⑩ kuvera⑪ brahma⑫ veṣa-dhara⑭ padmakula⑭ samayaṁ⑮ hūṁ hūṁ⑯

歸命① 不空② 蓮華③ 羂索④ 忿怒⑤ 作業⑥ 遍入⑦ 大獸主⑧ 焰魔（神名）⑨ 水天⑩ 矩吠囉（神名）⑪ 梵天⑫ 持被衣⑬ 蓮華部⑭ 平等⑮ 吽吽（種子）⑯

隨作事成就眞言

唵① 阿慕伽② 毗闍耶③ 鈝泮吒④

𑖌𑖼① 𑖀𑖦𑖺𑖑② 𑖪𑖰𑖕𑖧③ 𑖮𑖳𑖽𑖣𑖘𑖿④

oṁ① amogha② vijaya③ hūṁ phaṭ④

歸命① 不空② 最勝③ 滿願破壞④

秘密小心眞言

唵① 鉢頭摩陀羅② 阿慕伽③ 惹野泥④ 主嚕主嚕⑤ 莎嚩訶⑥

𑖌𑖼① 𑖢𑖟𑖿𑖦𑖠𑖨② 𑖀𑖦𑖺𑖑③ 𑖕𑖧𑖡𑖸④ 𑖫𑖿𑖨𑖲𑖫𑖿𑖨𑖲⑤ 𑖭𑖿𑖪𑖯𑖮𑖯⑥

oṁ① padmadhara② amogha③ jayane④ śru-śru⑤ svāhā⑥

歸命① 持蓮華② 不空③ 勝利④ 好形極好形⑤ 成就⑥

第三章 菩薩部

四攝菩薩

【特德】 四攝菩薩代表布施、愛語、利行、同事等勾攝度化眾生之四攝行，能使一切眾生歡喜，入於佛智。

四攝菩薩是攝引眾生的四種菩薩。略稱四攝，即金剛鉤（Vajra-aṅkuśa）、金剛索（Vajra-pāśa）、金剛鏁（Vajra-sphoṭa）、金剛鈴（Vajra-āveśa）等四菩薩。

密教將佛陀度化眾生的四種法配屬此四菩薩。在金剛界曼荼羅中，爲表現五佛攝化眾生之特德，而將四者配置於四方。五大月輪中的諸尊均在一塔婆內，而四攝菩薩之座則位在塔婆的四門。此乃表示此等諸尊住於自內證之德，同時出四門、顯現度化眾生之德。

此四者相當於布施、愛語、利行、同事等四攝法。而鉤、索、鏁、鈴是依譬喻而立名。就如同人捕魚，先以鉤釣之，次以索引之，以鏁縛之，其後振鈴而生歡喜心；菩薩亦以方便鉤召眾生（鉤），將其引入法界宮（索）、並縛於其中（鏁），其後方生歡喜心（鈴）。

以下分別介紹此四攝菩薩。

⊙金剛鉤菩薩

金剛鉤菩薩（梵名 Vajrāṅkuśa），爲金剛界四攝菩薩之一，以布施行來守護一切眾生之菩提心。

三昧耶會

金剛鉤菩薩／成身會

供養會

微細會

理趣會（色金剛）

降三世三昧耶會

降三世會

此尊爲毗盧遮那佛於內心證得金剛鉤三摩地的智慧，由於自受用的緣故，從請召金剛鉤三摩地的智慧中，流出金剛鉤光明，遍照十方世界，請召一切如來金剛界道場，拔除一切眾生出離惡趣，安於無住涅槃之城，還來收爲一體。爲了使一切菩薩受用三摩地智慧，而化爲守護菩提心戶金剛鉤菩薩，安住東門月輪。

由於金剛鉤菩薩加持的緣故，能證得召請一切聖眾速疾降臨三昧。

此尊在理趣會中又稱爲色金剛，其形像於各會中皆不同：

1.成身會

尊形爲青色，左手握拳當腰，右手執鉤。

三昧耶形爲金剛鉤。印相爲降三世印，二食指屈如鉤（或有以二手作金剛拳，相鉤二小指，舒右食指作鉤當心。）

2.三昧耶會

三昧耶形爲三鈷鉤，印相爲外縛，二食指伸如鉤形，招三次。

3.微細會

尊形大約同成身會，左手於腰部握拳伸食指。

4. 供養會

尊形爲兩手持蓮華，上有三鈷鉤。

5. 理趣會

尊形大約同成身會。

6. 降三世會

尊形大約同供養會。

7. 降三世三昧耶會

三昧耶形爲三鈷鉤。

◎金剛鉤菩薩的種子字、真言

成身會

種子字：（jaḥ），因緣法悉攝入不生之義。

真言：唵① 嚩日囉矩舍② 弱③

oṃ① vajrāṅkuśa② jaḥ③

三昧耶會

種子字：（jaḥ）

真言：阿耶係① 穰②

āyāhi① jaḥ②

理趣會

真言：嚩日囉矩舍① 弱②

vajrāṅkuśa① jaḥ②

◎金剛索菩薩

金剛索菩薩（梵名 Vajrapāśa），為金剛界四攝菩薩之一，以「愛語」守護一切眾生之功德。

此尊為毗盧遮那佛，於內心證得金剛引入方便羂索三摩地智慧，由於自受用

三昧耶會

金剛索菩薩／成身會

供養會

微細會

理趣會（聲金剛）

降三世三昧耶會

降三世會

的緣故，從引入方便羂索三摩地的智慧中，流出金剛羂索光明，遍照十方世界，引入一切如來聖眾，並以羂索攝受一切眾生，將之沈於二乘實際三摩地智慧淤泥，安置於覺王法界宮殿，還來收爲一體。爲了使一切菩薩受用三摩地智慧的緣故，化成衛護功德戶，現金剛索菩薩形，安住南門月輪。

由於金剛索菩薩加持的緣故，能證得如虛空般無障礙的善巧智慧。

此尊於理趣會中又稱爲聲金剛。

本尊之形像於各會中皆有不同。

1. 成身會

密號爲等引金剛、慈引金剛，尊形身呈白黃色，左手握拳當腰，右手執索。

三昧耶形爲金剛索，印相爲二拳相背，二小指相鉤，二頭指相拄如羂索。

2. 三昧耶會

三昧耶形爲頭部結成獨鈷杵的索，印相爲外縛，右拇指伸入左手拇指、食指間的虎口中。

3. 微細會

尊形大約同成身會。

4.供養會

尊形爲兩手持蓮華，上有龍索。

5.理趣會

尊形大約同成身會。

6.降三世會

尊形大約同供養會。

⊙金剛索菩薩的種子字和真言

成身會

種子字：（hūṃ）

真言：唵① 拔折羅皤捨② 吽③

oṃ① vajrapāśa② hūṃ③

三昧耶會

種子字：（hūṃ）

真言：阿① 吽② 吽③

ahi① hūṃ② hūṃ③

理趣會

真言：跋折羅皤捨① 吽②

vajrapāśe① hūṃ②

⊙金剛鏁菩薩

金剛鏁菩薩（梵名vajrasphoṭa），爲金剛界四攝菩薩之一，以利行守護一切眾生之智慧。

此尊爲毘盧遮那佛，於內心證得堅固金剛鎖械三摩地的智慧，由於自受用的緣故，從堅固金剛鎖械三摩地的智慧中，流出金剛鎖械光明，遍照十方世界，令

三昧耶會

金剛鏁菩薩／成身會

供養會

微細會

理趣會（香金剛）

降三世三昧耶會

降三世會

諸有情人於一切如來聖眾金剛界道場，以大悲誓願繫縛而安住，並摧破一切眾生外道種種邪見，安住無上菩提，不退失堅固無畏大城，還來收為一體。為了使一切菩薩受用三摩地智慧的緣故，化成金剛鏁菩薩形，守護智慧戶，安住於西門月輪。

由於金剛鏁菩薩加持的緣故，能證得諸佛堅固無染觀察大悲解脫。

此尊於理趣會中又稱為香金剛。

金剛鏁菩薩於各會中之形像皆不相同：

1.成身會

尊形為赤肉色，左手握拳當腰，右手執鎖。

印相為二手作金剛拳，二小指、食指相鈎如鎖形。

2.三昧耶會

印相為外縛，二拇指與二食指相捻如鎖形。

3.微細會

尊形為大約同成身會。

4.供養會

尊形爲兩手持蓮華，上有金剛鎖。

5.理趣會

尊形大約同成身會。

6.降三世會

尊形大約同供養會。

⊙金剛鏁菩薩的種子字、真言

成身會

種子字：𑖪𑖽（vaṃ）

真言：唵①　嚩日羅娑普吒②　鑁③

oṃ①　vajra-sphoṭa②　vaṃ③

三昧耶會

種子字：（vaṃ）

真言：呬① 薩普吒① 鍐②

he① sphoṭa② vaṃ③

理趣會

真言：嚩日囉商葛梨① 鍐②

vajrasṛṅkare① vaṃ②

◎金剛鈴菩薩

金剛鈴菩薩（梵名 Vajrāveśa），爲金剛界四攝菩薩之一，以「同事」守護一切眾生之精進，不使懈怠。

此尊爲毗盧遮那佛，於內心證得般若波羅蜜金剛三摩地的智慧，由於自受用的緣故，從般若波羅蜜金剛鈴三摩地的智慧中，流出金剛鈴光明，遍照十方世界

三昧耶會

金剛鈴菩薩／成身會

供養會

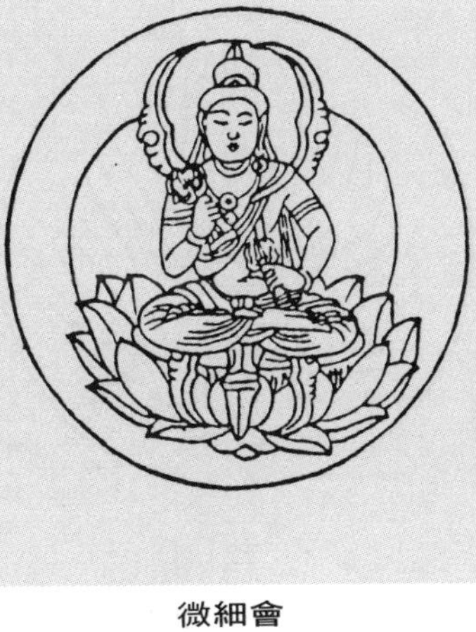

微細會

理趣會（味金剛）

降三世三昧耶會

降三世會

，歡喜一切如來海會聖眾，安住金剛界道場者，及破除一切二乘眾生知見，安置般若波羅蜜宮，還來收爲一體。爲令一切菩薩，受用三摩地智慧的緣故，化成金剛鈴菩薩形，守護眾生精進之戶，安住北門月輪。

由於金剛鈴菩薩加持的緣故，能證得如來般若波羅蜜音聲，聽聞者能摧毀阿賴耶識中一切惡的種子。

此尊於理趣會中又稱爲味金剛。

此尊形像於各會中皆不相同：

1. 成身會

尊形身呈綠色，兩手執五鈷鈴。

印相爲二拳相背，二小指二食指各相鉤，腕微搖動。

2. 三昧耶會

印相爲二手金剛外縛，二拇指入掌。

3. 微細會

尊形大約同成身會。

4.供養會

尊形爲手持蓮華，上有五鈷鈴。

5.理趣會

尊形爲左手握拳，右手執金剛鈴。

6.降三世會

尊形大約同供養會。

⊙金剛鈴菩薩的種子字、真言

成身會

種子字：（hoḥ）

真言：唵① 嚩日囉吠舍② 斛③

oṃ① vajaāveśa② hoḥ③

三昧耶會

種子字：（hoḥ）

真言：健吒① 惡② 惡③

ghaṇṭa① aḥ② aḥ③

理趣會

真言：嚩日囉健致① 呼②

vajraghaṇṭe① hoḥ②

五秘密菩薩

五秘密菩薩，代表有情煩惱愛欲之實相，直接開顯眾生本具之如來五智功德。

【特德】

五秘密菩薩又稱爲五秘密或五金剛菩薩。是指金剛界的金剛薩埵及欲、觸、

五秘密菩薩

愛、慢等五金剛菩薩。

然這五菩薩實則同爲一體，表示不動五趣有情煩惱愛欲之實相，而直接開顯如來五智功德之意；也就是觀眾生的欲、觸、愛、慢之虛妄，與真實菩提心之金剛薩埵爲同體之意。以其染淨不二、因果同體之理趣深妙難解，所以名之爲五秘密。

五秘密住同一月輪之內，爲不住生死之義，表大智之德；又坐同一蓮華上，爲不住涅槃之義，表大悲之德。

爲了滅罪等，而以五秘密菩薩爲本尊所修行之行法，即爲五秘密法。以五秘密爲中心所建立之曼荼羅，稱爲五秘密曼荼羅。

依金剛頂瑜伽金剛薩埵五祕密修行念誦儀軌記載：

欲金剛持金剛弓箭，表示以此箭射除第八阿賴耶識中之一切有漏種子，成就大圓鏡智。

觸金剛抱持金剛薩埵，表淨除第七識妄執第八識爲我癡、我見、我慢、我愛，以成就平等性智。

位置	尊名	身色	持物	轉識成智
中央	金剛薩埵	水晶月色	金剛鈴、五鈷杵	第九識
東方	欲金剛	赤色	弓箭	第八識
南方	觸金剛	白色	抱持金剛薩埵	第七識
西方	愛金剛	青色	摩竭魚幢	第六識
北方	慢金剛	黃色	拳、金剛鈴	前五識

金剛薩埵住大智印，表以金剛界三十七智，成就自受用與他受用之果德身。

愛金剛持摩竭幢，表能淨意識緣慮於染淨有漏心，成就妙觀察智。

慢金剛以金剛拳置胯，表淨除五識之質礙身，起大勤勇，盡無餘之有情，皆頓令成佛，成就成所作智。

此五尊之印相係以極喜三昧耶印爲總印，或五尊有各別之印。

以下分別介紹此五尊。

⊙金剛薩埵

金剛薩埵（梵名 Vajra-sattva），其梵名前半 vajra，是金剛之義；sattva，薩埵，是勇猛、有情等義。又稱爲金剛手、金剛手秘密主、執金剛祕密主、持金剛具慧者、金剛上首、大樂金剛、蘇羅多金剛、一切如來普賢、普賢薩埵、普賢金剛薩埵、金剛勝薩埵、金剛藏、執金剛、祕密主、金薩。

金剛薩埵，又象徵「堅固不壞之菩提心」與「煩惱即菩提」。此尊爲胎藏界曼荼羅金剛部院「大智金剛部」之主尊。主「折伏門」之德，以摧破一切惡魔爲本誓。

其尊形全身呈肉色，頭部略傾向右側，右手臂彎曲，稍舉向上，掌面向上，五指微曲，掌中橫置三股杵；左手臂亦彎曲，略舉向上，握拳置胸前，當背對右手，密號爲真如金剛。

種子字：（vaṃ）或（hūṃ）

三昧耶形：五鈷金剛杵，印相爲內五鈷印。

真　言：南麼　三曼多伐折囉赧　戰拏　摩訶嚕灑拏　鈝

namaḥ samanta-vajrāṇāṃ caṇḍa-mahā-roṣaṇa hūṃ

金剛薩埵

⊙欲金剛菩薩

欲金剛菩薩（梵名 Iṣṭavajra），梵名音譯爲伊瑟吒縛日羅。又稱作欲金剛、箭金剛、意生金剛、金剛箭、眼箭。同於金剛界曼荼羅理趣會中臺五尊四金剛之一，即列在中尊金剛薩埵之前方月輪蓮花上菩薩。

據《金剛頂瑜伽金剛薩埵五秘密修行念誦儀軌》中記載，欲金剛名爲般若波羅蜜，能通達一切佛法而無滯無礙，猶如金剛能生諸佛。持金剛弓、箭，射除眾生阿賴耶識中一切有漏煩惱種子，成就大圓鏡智。亦即以大悲欲箭射除眾生心中之貪欲，使能悟入般若理趣清淨。金剛界曼荼羅理趣會之尊形呈身赤肉色，頭戴寶冠，著瓔珞，兩手持箭。三昧耶形爲金剛箭，印相爲金剛王印。

真　言：弱　嚩日囉　地哩瑟智　娑野計　摩吒

jaḥ vajra dṛ ṣṭi sāyake maṭa

欲金剛（理趣會）

⊙觸金剛菩薩

觸金剛菩薩（梵名 Kelikilavajra），梵音譯爲髻離吉羅金剛、計里計羅金剛、髻利吉羅金剛，又稱作金剛喜悅菩薩。全稱髻利吉羅金剛菩薩、或金剛髻離吉羅菩薩。是金剛界曼荼羅理趣會十七尊之一，安於中尊金剛薩埵右方。

所謂「觸」，是指眾生觸五欲境界之生存欲望，然而此菩薩以五智觀照色、聲、香、味觸等五欲境界，爲其本有不壞之體，觸性即菩提。依據《金剛頂瑜伽金剛薩埵五秘密修行念誦儀軌》記載，此菩薩能給與無邊眾生安樂，拯拔無邊陷溺於貧匱之泥的眾生，凡有所求，無論世間、出世間之希有願望，皆令滿足。

其於金剛界理趣會之尊形爲身白肉色，頭戴寶冠，身披瓔珞，兩手交叉抱著三鈷杵（或五鈷杵），三昧耶形爲三鈷杵，印相：爲二臂作交抱三鈷杵之勢。

真　言：吽　嚩日囉計哩吉麗　吽

hūṃ vajrakelikele hūṃ

觸金剛（理趣會）

⊙愛金剛菩薩

愛金剛菩薩（梵名 Rāgavajra），又稱愛縛金剛、愛樂金剛、悲愍金剛。金剛界曼荼羅理趣會十七尊之一，位於金剛界曼荼羅理趣會之金剛薩埵後方月輪蓮花中。依據《理趣經秘決鈔》卷三中說，悲愍金剛菩薩以悲愍之故，以愛念繩普縛眾生，至菩提終不放捨；猶如摩竭大魚吞食所遇之物，一經入口已，更無倖免者，所以持此摩竭魚幢，彰顯其愛縛捨離俱幻平等之智身。

其於理趣會之尊形為身青色，兩手持摩竭幢，豎於左側。

三昧耶形為摩竭幢，印相為金剛幢羯磨印。

真　言：鑁　嚩日哩尼三摩囉囉吒

vaṃ vajriṇi smara raṭa

⊙慢金剛菩薩

慢金剛菩薩（梵名 Mānavajra），又稱作金剛慢、金剛傲、意氣金剛、金剛

愛金剛（理趣會）

欲自在。爲金剛界曼荼羅理趣會十七尊之一。

「慢」即菩提深密之理趣。位於理趣會中尊金剛薩埵左方之月輪內。

在《理趣經十七聖大曼荼羅義述》中說，此菩薩以無過上智使一切眾生皆證得毗盧遮那如來之體，於世間、出世間皆得自在，故主於傲誕之威儀，而現其我、無我俱幻平等之智身。由是知此菩薩乃表示化他自在之後，所以稱爲慢金剛。

而依《五秘密修行念誦儀軌》所記載，此尊以二金剛拳置胯，表淨五識質礙身，起大勤勇，盡無餘有情，皆頓令成佛，能淨五識身，而成就成所作智。

於理趣會中此尊身呈黃色，兩手握金剛拳置於腿上，頭側向左側。

三昧耶形爲二金剛拳印。印相爲二手作金剛拳置腿上，頭向左傾。

真　言：呼　嚩日囉哥彌說哩　怛嚂

hoḥ vajra-kāmeśvari traṃ

慢金剛（理趣會）

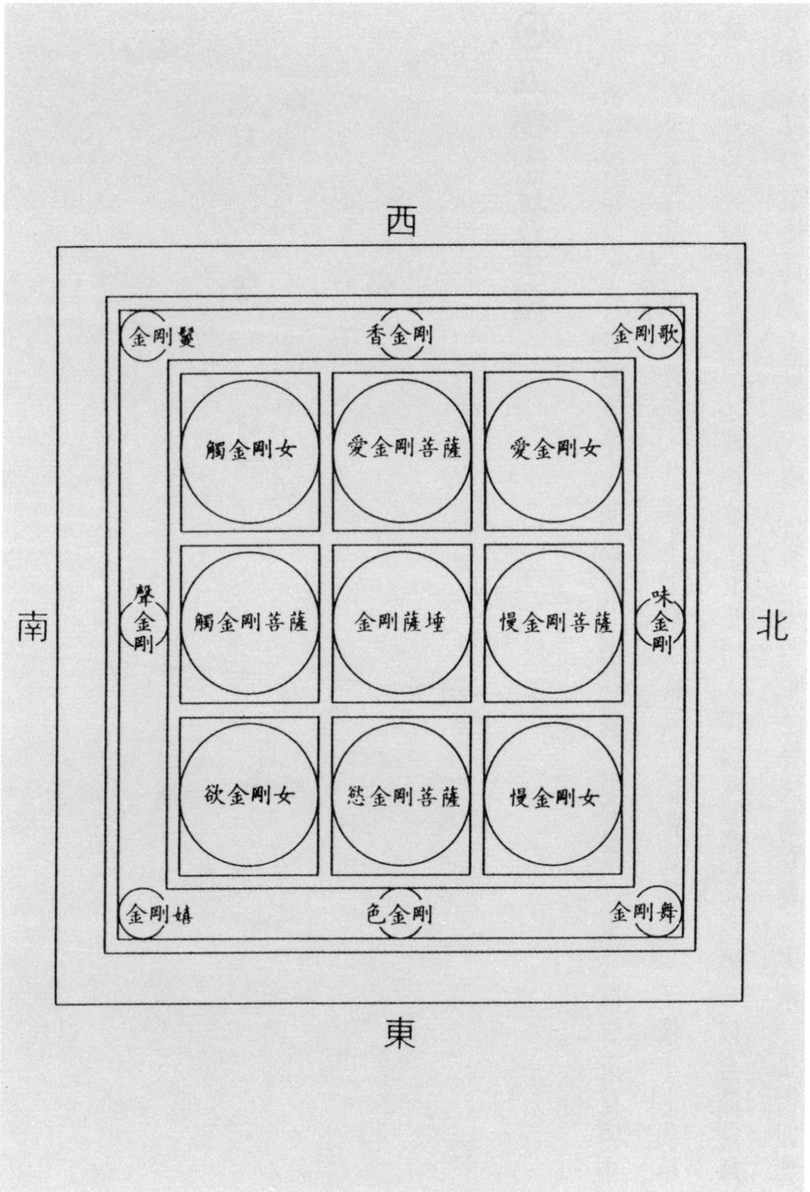
西
金剛鬘
香金剛
金剛歌
觸金剛女
愛金剛菩薩
愛金剛女
南
聲金剛
觸金剛菩薩
金剛薩埵
慢金剛菩薩
味金剛
北
欲金剛女
慾金剛菩薩
慢金剛女
金剛嬉
色金剛
金剛舞
東

理趣會諸尊位置圖

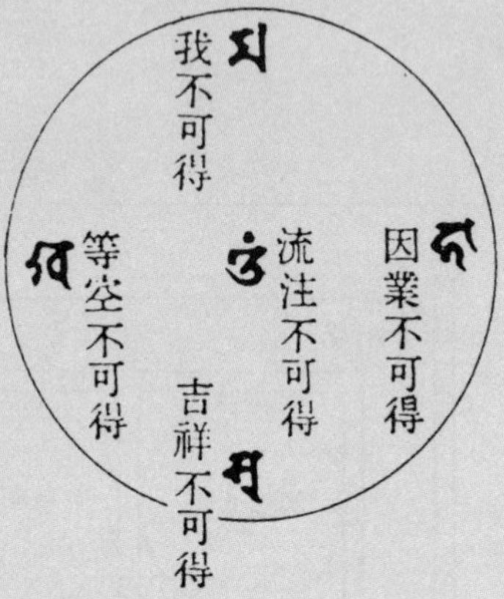

五秘密字輪觀

⊙五秘密曼荼羅

密教圖像中，於金剛薩埵、欲菩薩、觸菩薩、愛菩薩、慢菩薩等五祕密中，加上八供養菩薩、四攝菩薩，共成十七尊，稱爲五祕密曼荼羅。又稱十七尊曼荼羅。相當於金剛界九會中之理趣會。五祕密，即以淨菩提心爲體，以金剛薩埵爲主尊，以四煩惱爲體，以欲、觸、愛、慢四金剛菩薩爲眷屬，表示「煩惱即菩提」之意。

一般流布之圖像，中央畫金剛薩埵，右方安置欲、觸二尊，左方安置愛、慢二尊。若依深祕之義，欲菩薩乃金剛界大圓鏡智，故爲大慧；觸菩薩乃寶部平等性智，故爲大定；愛菩薩乃蓮華部妙觀察智，故爲大悲；慢菩薩乃羯磨部成所作智，故爲大精進。乃攝定於慧，攝精進於悲，合此四菩薩爲悲智二德，復合悲智二德爲一金剛薩埵，此即爲愛染明王。

⦿五秘密法根本真言

唵① 摩訶素佉② 嚩日囉薩怛嚩③ 弱④ 吽⑤ 嚩⑥ 斛⑦ 素囉多⑧ 薩怛梵⑨

oṁ① mahāsukha② vajra-sattva③ jaḥ④ hūṁ⑤ baṁ⑥ hoḥ⑦ surata⑧ stvaṁ⑨

歸命① 大樂② 金剛有情③ 召請④ 引入⑤ 縛住⑥ 歡喜⑦ 妙適⑧ 生佛
不二入我入⑨

彌勒菩薩

彌勒菩薩生生修持慈心三昧，發願要使一切眾生安住於真正的快樂。誠心修持此法，不但能增長、改善人際關係，更能帶來幸運。

【特德】

彌勒菩薩（梵名Maitreya），又作梅怛儷藥、末怛唎耶、彌帝禮、彌帝隸，或梅任梨，譯作慈氏。是當來下生，繼釋尊之後成佛的菩薩，故又稱一生補處菩薩，補處薩埵或彌勒如來。

彌勒菩薩號爲慈氏，其名號最根本是來自本願所行，在緣起上，他生生世世皆是修習慈心三昧、行慈行來救度眾生。而在《賢德經》中則記載：彌勒菩薩之父名爲修梵摩，母稱梵摩提跋，生於南天竺的婆羅門家。因爲菩薩的母親懷孕之

彌勒菩薩

後，性情變得慈和悲憫，所以菩薩出生後，即取名爲「慈氏」。

彌勒菩薩的特德，是希望在拔除眾生痛苦之後，更進一步給予其安樂，給予眾生法樂。「悲」是拔苦，「慈」是予樂，他涵蓋了世間與出世間，使眾生在世間的生活上能平和地具足一切，在出世間上，則使眾生得到真實的大安樂。

由於彌勒菩薩的本願——發願要給予一切眾生安樂，因此在基本的生存條件滿足之後，賜予眾生更豐厚的財富，更深層的心靈需求，及更安適的生活環境，正是彌勒菩薩度化眾生的特色。

⊙彌勒菩薩的敬愛法——慈心觀

彌勒菩薩生生修持大慈三昧，發願要給予一切眾生究竟廣大的安樂，也就是使其不退轉，恆久住安樂。使眾生現證成佛，住於無生的安樂大海。

這樣的慈心觀便不只是禪定中「慈、悲、喜、捨」四無量心的慈心觀而已，更是希望一切境界圓頓，使一切眾生遠離一切災障，永離一切煩惱的慈心觀。

而慈心觀就是給與人喜樂的禪觀，修習慈心觀，可給自己與其他人，從內心深處發出真實的快樂，讓自己的人生，充滿了美滿與幸福。

「慈」就是給予人快樂的意思。所以慈心觀，就是給與快樂的心的禪觀。而慈心觀又名爲慈心三昧，白光明慈三昧，大慈三昧。由於能夠帶給自己與他人真正的快樂。因此，修學慈心觀之後，能夠產生很大的福德，爲自己與週遭的人，帶來的平安與幸福。所以，慈心觀是一種帶來幸運的禪觀。

瞋恨會帶來人生的黑闇與不幸，而來自內心深層的喜悅，則是我們人生幸福的保障。無明的瞋怒，讓我們趨凶避吉，而覺醒自然的喜樂，則讓我們萬事吉祥。慈心觀能夠治療我們充滿忿恨不平的心靈，而轉成光明喜樂幸福。

⊙慈心觀的簡要修持法

首先觀想自己心中感覺到無比的快樂，然後再觀想自己最喜愛的人在面前，他也同樣快樂，這種快樂的力量會結合在一起，而且這種力量是相乘的力量，再來是普通關係的人也很快樂，沒有任何關係的人也很快樂，最好把所有自己仇恨或不喜歡的人全部觀想進來，整個世界都充滿了快樂。

親疏關係想得很清楚之後，再來就要圓滿空間關係的快樂，從一個人開始擴大、一群人、台北人、台灣人、中國人、亞洲人、地球人、全太陽系的生命、到整個宇宙、整個法界的生命體，都感覺到非常的喜樂。這個快樂的力量，會像水中的波紋一般，產生共振的效果，使我們心中充滿真實的喜樂，而週遭的生命也如此，這種喜樂的力量也會回饋，聚集成更廣大的歡喜，使我們獲得眾人敬愛、喜樂。

⊙彌勒菩薩的形像

彌勒菩薩在金剛界曼荼羅裡屬於賢劫十六尊之一，安置於三昧耶會的東方北端，有關其形象有種種說法，現圖胎藏曼荼羅的圖相是身肉色，頭戴寶冠，冠中有卒都婆，左手施無畏，右手持蓮花，花上有寶瓶。

但《八大菩薩曼荼羅經》及《大孔雀明王畫像壇場儀軌》所說與之相異，是身金色，左手執軍持，右手揚掌向外，作施無畏印。胎藏圖像及舊圖樣依據此說繪出其像。

在《慈氏菩薩略修愈誐念誦法》卷上〈入法界五大觀門品〉中，以慈氏菩薩爲修愈誐曼荼羅的中尊，其形像爲身白肉色，頭戴五智如來冠，左手執紅蓮花，於蓮花上畫法界塔印。右手大拇指押火輪甲上，餘指散舒，微屈風幢，有種種寶光，於寶蓮花上半跏趺，以種種瓔珞、天衣、彩帶、鐶釧莊嚴。

同上法卷下〈畫像品〉中則說：首戴五如來冠，左手持蓮華，於華上置法界塔印。右手作說法印，結跏趺坐。

在《補陀落海會軌》則說：東北慈氏菩薩，頂上有妙寶冠，身相白肉色，左定紫蓮花，其上有軍持，右慧摩膝相。一切妙瓔珞嚴飾，爲救世身，安住月輪海。」

《吽迦陀野儀軌》卷上云：「次南方彌勒菩薩手持獨鈷並三鈷，寶冠瓔珞莊嚴，好相具足，有妙蓮華座。」同書卷中又云：「又作隨心曼荼羅，中央彌勒菩薩，左方法音輪菩薩，右大妙相菩薩。」

另西藏密教亦傳有彌勒菩薩，身金黃色，雙手結說法印，垂足而坐，手中所捻龍華樹花心上有法輪與寶瓶，安住蓮華獅座上。

除了以上的形像之外，彌勒菩薩在中國更以布袋和尚的福神造形而著稱。布袋和尚是唐僖宗年間（公元八六〇—八七三年），在明州奉化縣附近出現，不知從何處而來。

這位和尚，自稱爲契此，身形十分的肥胖，腹部很大，常袒腹含笑而行。他說語不定，宛若痴人，到處流浪，所以早晚吃飯、睡覺的處所，也沒有定處。由於也隨身都以柱杖荷著一只布袋、破草蓆，入鎮中行乞，因此大家又稱之爲布袋和尚。

布袋和尚在示寂時，曾留下一首偈頌說：

彌勒真彌勒，分身千百億，

時時示時人，時人自不識。

所以後代江浙間流傳的布袋和尚圖像，在中國的寺廟中，往往被視爲彌勒菩薩而供養之。

彌勒菩薩的化身—布袋和尚

◉彌勒菩薩的種子字、真言

種子字：（a）或（yu）或（vaṃ）

【真言】

南麼① 三曼多勃馱喃② 摩訶瑜伽③ 瑜擬寧④ 瑜詣 縛履⑤ 久若唎計⑥ 莎訶⑦

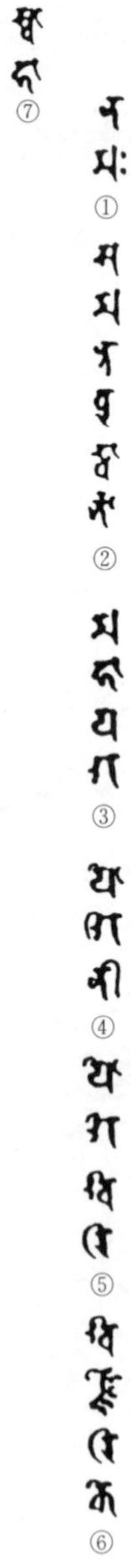

mamaḥ① samanta-buddhānāṃ② mahā-yaga③ yoginī④ yogeś vari⑤khañjarike⑥ svāhā⑦

歸命① 普遍諸佛② 大相應③ 相應者④ 相應自在⑤ 空生作⑥ 成就⑦

唵① 妹怛隸野② 娑縛賀③

oṁ① maitreyā② svāhā③
歸命① 慈氏② 成就③

虛空藏菩薩

虛空藏菩薩，能隨一切有情意樂，出生一切滿足其所需，以種種方便鈎攝眾生入於佛地。修持其法，能得一切眾生歡喜敬愛。

【特德】

虛空藏菩薩（梵名Ākāśa-garbha），又譯爲虛空孕菩薩。相傳此菩薩所具有的福德智慧二藏，無量無邊，猶如虛空，因此乃有此名。在密教中，此菩薩爲胎藏界曼荼羅虛空藏院之主尊，及釋迦院釋迦之右方脇士，亦爲金剛界賢劫十六尊之一。此外，虛空藏菩薩也常化現爲天黑後第一顆出現的明星，因此也被認爲與明星天子是同體所現。

依《虛空藏菩薩神咒經》所載，世尊對此菩薩甚爲讚嘆，說其禪定如海，淨戒如山，智如虛空，精進如風，忍如金剛，慧如恆沙。是諸佛法器，諸天眼目，人之正導，畜生所依、餓鬼所歸，是在地獄救護眾生的法器，應受一切眾生最勝供養。可見此菩薩功德之殊勝。

虛空藏菩薩，能隨眾生意樂滿足一切眾生所需，以種種方便，鈎攝一切眾生入於佛地，如《大方等大集經》卷十六中說，虛空藏菩薩：「於虛空中隨眾生所須，若法施、若財施，盡能施與，皆令歡喜。」

同經中並記載，虛空藏菩薩於「稱一切眾生意三昧」，使一切眾生滿足意樂所需，歡喜信受：「此三昧力故，於此三千大千世界，妙寶莊嚴堂上虛空中，雨種種妙物，隨眾生所欲盡給足之。所謂須華雨華，須鬘、須香、須末香、須塗香，須繒蓋幢幡，須種種音樂，須嚴身之具瓔珞衣服，須餚膳飲食，須車乘翼從，須金銀、琉璃、頗梨、車渠、馬瑙、真珠、珊瑚，雨如是等種種珍寶隨意與之。

有須法、欲法、樂法之者，於虛空中隨所樂聞，出眾法音悅可耳根，所謂：契經、音合偈經、受記經、偈經、結可經、因緣經、雙句經、本生經、勝處經、方等經、未曾有經、大教勑法，須如是等經者，盡出應之。

虛空藏菩薩

須譬喻者，須那羅等變音者，須巧言語音者須種種雜音者，須甚深音者，須方便淺音者，須如是等音者盡出應之。

須聲聞乘度者，出四諦法應之；須緣覺乘度者，出甚深十二因緣法音應之；須大乘度者，出六波羅蜜不退轉法音應之。（中略）以虛空藏菩薩神力故，於上空中雨如是等妙法及財，令三千大千世界一切眾生得無量不可思議快樂所願具足，有患苦眾生蒙藥除愈，孤窮眾生得無量珍寶，繫閉眾生得開悟解脫，諸根不具者悉得具足。」

⊙虛空藏菩薩敬愛法

在《覺禪鈔》卷六十二中，記載虛空藏菩薩的敬愛法

《虛空藏念誦法》云：建立精室，作一方壇，隨其大小，以瞿摩夷塗壇地，作八曼荼羅，周匝懸幡，上安天蓋，於壇西面，安虛空藏菩薩像。持誦者，壇東對像念誦。又呪：南摩三曼多勃馱南一阿去迦引奢參摩多努蘗多二尾質怛藍引二合嚩羅達羅三莎呵

《虛空藏經》中並說，若能持虛空藏菩薩名號或真言者，能獲以下功德：「若有人持我呪者，三世諸佛所深結緣，若欲得無上菩提，欲得三業菩提，現身爲仙人，欲得往來十方佛土，皆持此呪。

若欲得智惠，欲得眾愛惜，若好歌詠欲得第一音聲，欲得王位、百官，欲得種種資財種種眷屬，於善惡事欲得遠名聞者，持此呪，亦稱念我名。」

另於《別尊雜記》卷二中記載：「虛空藏菩薩者，表一切如來恆沙功德福聚資糧，修瑜伽者於此部中，速成就所求一切伏藏皆得現實多摩尼寶。」

《覺禪鈔》引《大日經疏》十一云：如虛空不可破壞，一切無能勝者，故名「虛空」等歟。又「藏」者，如人有大寶藏，施所欲者，自在取之，不受貧乏，如來虛空之藏亦復如是，一切利樂眾生事，皆從中出無量法寶，自在受用，而無窮竭相，名虛空藏也，此藏能生一切佛事也。

又舉《教王經疏》四云：「虛空藏大菩薩者，是三昧之主也，即此菩薩所修之行故，云虛空藏菩薩三昧耶，福德之聚無邊無際，猶如虛空。所言藏者，略有三義謂：一者能藏名藏，二者所藏名藏，三者能生名藏。此三昧耶，包含世間及出世間福德之聚，無所妨礙故，言能藏名藏，故《理趣釋》云：此菩薩在右月輪，表一切如來真如恆沙功德資糧聚也，又眾生薄福不能感得，而爲薄福之所示復藏，故名所藏也。大聖慈悲憐愍有情，開法界藏，出生無量金剛七寶，施與一切故，言能生爲藏也。」

而虛空藏菩薩除了敬愛法之外，更以聞持法著稱，持虛空藏菩薩咒，能增長憶力。八世紀時，虛空藏信仰傳入日本，僧侶間很盛行修虛空藏求聞持法以增長記憶力。日本空海大師就曾經修行此法。而在民間，也普遍信仰虛空藏菩薩，以增進福德、智慧，消除災害。此菩薩在日本比中國受到更爲廣大的信仰。

◎虛空藏菩薩的形像

依佛典所載，虛空藏菩薩對一切眾生慈愍，常加以護持。如果有人至誠、如法地禮拜過去世三十五佛之後，再稱念大悲虛空藏菩薩名號，則此菩薩當會現身加以庇佑。依《觀虛空藏菩薩經》的描述，他的頂上有如意珠，作紫金色。若見如意珠，即見天冠。此天冠中有三十五佛像顯現，如意珠有十方佛現顯現。菩薩

虛空藏菩薩

身長二十由旬，如果示現高大身，便與觀世音等同。

虛空藏菩薩在胎藏曼荼羅虛空藏院中爲主尊，身呈肉色，頭戴五佛冠，右手屈臂持劍，劍緣有光焰；左手置於腰側，握拳持蓮，蓮上有如意寶珠，坐於寶蓮華上。其所持的寶珠、劍，即代表福德、智慧二門。頂戴五佛寶冠，表示具足萬德圓滿之果德。右手持的寶劍表示其內證之智，身後之慧、方、願、力、智五波羅蜜菩薩由此出生。

虛空藏菩薩左手持蓮花，上有寶珠，寶珠有一瓣、三瓣或五瓣。一瓣寶珠表一實相的菩提心；三瓣寶珠表胎藏之佛部、蓮花部、金剛部等三部，大定、智、悲；五瓣寶珠表金剛界之五智。亦即表內證之福德，自此流出布施、持戒、忍、精進、禪定五波羅蜜菩薩。其眷屬十波羅蜜菩薩，著羯磨衣，是從虛空藏菩薩之福德智慧二莊嚴所化現。

另於釋迦院中右手執拂，左手持蓮，蓮上有綠珠，立於平敷蓮座上。若爲彰顯果德則身色爲黃金色。此外在《觀虛空藏菩薩經》中則描述：爾時當起是想是虛空藏菩薩，頂上有如意珠，其如意珠作紫金色。若見如意珠，即見天冠，此天冠中有三十五佛像，現如意珠中，十方佛像現虛空藏菩薩身，長二十由旬。若現大身，與觀世音等。此菩薩結跏趺坐，手提如意珠玉，如意珠演眾法音。

《覺禪鈔》舉《理趣釋》上云：虛空藏菩薩背月輪，右手持金剛寶，左手施願，半跏而坐。又說：「念誦結護云，虛空藏菩薩身如紫金色，頂戴五佛，左施無畏，右持青蓮花，花中有紅頗梨寶，菩薩於中乘青蓮花，坐月輪中。」

依《大方等大集經》卷十四所載，此菩薩住在東方大莊嚴世界之一寶莊嚴佛所。曾與十二億菩薩一起來娑婆國土，向釋尊提出各種問題，並述說種種法義。

另在《虛空藏菩薩經》中敘述，佛住佉羅底翅山時，虛空藏菩薩從西方一切香集依世界的勝華敷藏佛所，與十八億菩薩來到娑婆世界，並以其神力變娑婆世界為淨土，令一切大眾兩手皆有如意摩尼珠，其珠放出大光明，遍照世界，並奏天樂，出種種寶。其次經中復說除病、得福等諸陀羅尼，並說持念此菩薩名及陀羅尼真言，可得憶持不忘之力，並圓滿諸願。

⊙五大虛空藏菩薩

五大虛空藏菩薩，又作五大金剛虛空藏。是指法界虛空藏、金剛虛空藏、寶光虛空藏、蓮華虛空藏、業用虛空藏等五菩薩。又稱解脫虛空藏、福智虛空藏、能滿虛空藏、施願虛空藏、無垢虛空藏；或稱智慧虛空藏、愛敬虛空藏、官位虛空藏、能滿虛空藏、福德虛空藏。是大日、阿閦、寶生、彌陀、釋迦五佛各住於如意寶珠三昧之義，五菩薩即五佛所變現，成就五智三昧而成立此五大菩薩。

而此五大虛空藏菩薩手持物中，皆是左手持鈎，表示以財富、智慧、壽命等增益之事，鈎召一切眾生，入於佛地。而其中之愛敬虛空藏菩薩，又特別彰顯虛空藏菩薩敬愛之特德。

五大虛空藏菩薩之形像，依《瑜伽瑜祇經》〈金剛吉祥大成就品〉所載，於一大圓明中更畫五圓，中圓畫白色之法界虛空藏，左手執鈎，右手持寶；前圓（東）畫黃色之金剛虛空藏，左手執鈎，右手持寶金剛；右圓（南）畫青色之寶光虛空藏，左手執鈎，右手持三瓣寶，放大光明；後圓（西）畫赤色之蓮華虛空藏

五大虛空藏菩薩

，左手執鉤，右手持大紅蓮華；左圓（北）畫黑紫色之業用虛空藏，左手執鉤，右手持寶金剛。五尊分別乘師子、象、馬、孔雀、迦樓羅鳥。總印之印相爲外五鈷印，二中指作寶形，並在其餘四指之端觀想寶形。

⊙虛空藏菩薩的種子字、真言

種子字：𑖝𑖿𑖨𑖯𑖾（trāḥ）或𑖝𑖿𑖨𑖯𑖽（trāṃ）或𑖌𑖽（oṃ）或𑖁（ā）或𑖃（ī）

【真言】

唵① 嚩日羅② 羅怛曩③ 吽④

𑖌𑖽① 𑖪𑖕𑖿𑖨② 𑖨𑖝𑖿𑖡③ 𑖮𑖳𑖽④

oṃ① vajra② ratna③ hūṃ④

歸命① 金剛② 寶③ 能生吽④

伊① 阿迦奢② 三曼多③ 奴揭多④ 髀質哆嚂麼嚩囉⑤ 馱囉⑥ 莎訶⑦（胎

藏界）

oṃ① ākāśa② samanta③ anugata④ vicitāmbara⑤ dhara⑥ svāhā⑦

大勝金剛

【特德】 大勝金剛法多為祈求懷愛、息災法時所修，修其法能得一切聖眾同來擁護，使一切見者，悉皆歡喜受念。

大勝金剛爲總攝密教金剛界三十七尊之菩薩。此尊一身兼具三十七尊之妙用，頂上放菩提金剛威怒光明。於三世三界中，僅此尊能摧諸佛頂，以疾速成就大悉地。

在《金剛峰樓閣一切瑜伽瑜祇經》卷上〈一切如來大勝金剛頂最勝真實大三昧耶品〉中，讚誦此尊爲：「十方淨妙國，三世及三界，最尊獨無比，此大轉輪王，能摧諸佛頂，能攝諸等覺，親近為眷屬，速成大悲地。」

此尊為是所現，也有說與愛染明王同體，多為祈求懷愛、息災等法時所修。

《金剛峰樓閣一切瑜伽瑜祇經》卷上〈一切如來大勝金剛頂最勝真實大三昧耶品〉中記載，此大勝金剛現起的因緣為：「爾時遍照薄伽梵復現種種光明，於頂上放金剛威怒光明照諸菩薩，金剛手等皆各默然。復現身手，具十二臂，持智拳印，復持五山峰金剛、蓮花、摩尼、羯磨、鉤、索、鎖、鈴、智劍、法輪十二大印。身住千葉大白蓮花，身色如日，五髻光明，其光無主遍於十方。面門微笑，即說大勝金剛最勝真實大三昧耶真言。」

⊙大勝金剛修持法

依《大勝金剛佛頂念誦儀軌》記載，時世尊為憫念末世一切眾生的緣故，現五種光明，並從頂上放火光，照耀三界所有惡魔、鬼神，同時悉焚燒。金剛手菩薩見是相已，就祈問世尊言：「如來智火被燒所有天魔、鬼神於眾生生害者，悉恐怖不得安樂，欲說何法唯願如來演說。」

大勝金剛

於是大智毗盧遮那佛即宣說明王名大勝佛頂心呪爲：

唵麼賀縛日羅瑟　灑吽怛路二合瀨利二合惡入吽引

此咒有廣大不思議功德，據經中所載：才誦一遍，所求滿足，十方諸佛中最勝明王。若有金剛子，誦滿五萬遍，一切諸佛、大菩薩、天龍八部眾，晝夜共守護，令成所願。」

如來又說其根本大印爲：二手內縛，忍願屈如頂。

在末法轉動之時，若有諸眾生常結此印、持念真言者，則一切兵力不能相害，水火不能焚漂，不爲一切惡魔惡鬼所害，金剛、胎藏聖眾於行者坐臥時咸來擁護。

大勝明王畫像法：「於黑月房宿取清淨絹素，畫大勝明王，戴五佛冠，出現十二臂，住智拳印，摯五胋青蓮花、寶珠、羯磨鉤、索、鎖、鈴、利、劍、輪等印，安住千葉白蓮華。身色如白光，遍身成火光。

四角畫四明王，東南角畫不動金剛，西南角馬頭金剛，西北角六足金剛，東北角藥叉金剛。畫此四忿怒王，各執器杖，現極猛利勢。次畫八方天王，各攣眷屬恭敬圍繞。」

同經中說，如果有真言行者欲行供養者，應於淨室及山林靜處，燒香、散時花，念誦真言五十萬遍，我及八佛頂、無量天菩薩金剛天等，現身常隨意奉仕。若有眾生每日誦持此真言，於現在生之中，勝一切天人，當未世中，身如遍照尊（大日如來）。

持此印真言者，能成就十億種所願。經中又說，若有行者，作種種降魔及一切阿尾捨法者，我作十千金剛童，則隨意持誦者常住。

如果行者因悲愍心故，希得一切眾生敬愛，則可觀吽字心上，行、住、坐、臥住本尊三摩地，成就一切願，有情見者悉歡喜愛念；此人如遍照尊（大日如來），無量諸佛常來覆護不捨。如果行者能不起貪、瞋、癡等煩惱，深心歸命三寶，以善根迴向六道者，必能速證無上菩提。

在《覺禪鈔》卷第十七〈大勝金剛下〉中說其道場觀為：

⑴尊形，身色白肉，坐千葉大白蓮花上，現身手十二臂，左右第一手[illegible]；右第二手五股金剛，左第二手蓮華；右第三手摩尼；左第三手羯磨；右第四

手鉤；左第四手索；右第五手鎖；左第五手鈴；右第六手智劍；左第六手法輪。五髻光明，其光無主，遍於十方。

(2)前有字，成日輪，輪上有字成蓮花，蓮花上有，成五鈷金剛杵，杵變成勝金剛寶，身色如日暉，住於熾盛輪，執妙大寶幢。

(3)右有字，成黃色輪，輪上有字，成蓮華。蓮華上有字，成寶珠。蓮花上在金剛蓮花鉤，身黃色，住黃色輪，執鉤。

(4)左有字，成綠色輪，輪上有字，成蓮華。蓮華上有字，成羯磨。羯磨變成金剛寶大庫，身綠色，住綠色輪，執大圓鏡。

(5)後有字，成紅色輪，上有字，成紅蓮花，蓮花變成金剛大染蓮，身紅色，住於紅色輪，執大紅連。

(6)八供、四攝，乃至無量聖眾前後圍繞。如此觀已，加持七處。

⊙大勝金剛的種子字、真言

種子字：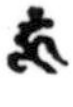（Hūṁ）或（vaṁ）

大勝金剛曼荼羅

【真言】

唵① 摩訶② 縛日羅瑟 灑③ 吽怛落 利惡④ 吽⑤

𑖌𑖼① 𑖦𑖮𑖯② 𑖪𑖕𑖿𑖨𑖺𑖬𑖿𑖜𑖱𑖬③ 𑖮𑖳𑖽 𑖝𑖿𑖨𑖯𑖾 𑖮𑖿𑖨𑖱𑖾 𑖀𑖾④ 𑖮𑖳𑖽⑤

oṃ① mahā② vajroṣṇīṣa③ hūṃ-trāḥ-hrīḥ-aḥ④ hūṃ⑤

歸命① 大勝② 金剛頂③ 吽・怛落・纈利・惡（四智四佛的種子）④ 吽（種子）⑤

唵① 縛日羅句捨② 冒地止多③ 吽④

𑖌𑖼① 𑖪𑖕𑖿𑖨𑖎𑖺𑖫② 𑖤𑖺𑖠𑖰𑖓𑖰𑖝𑖿𑖝③ 𑖮𑖳𑖽④

oṃ① vajrakośa② bodhicitta③ hūṃ④

歸命① 金剛藏② 菩提心③ 吽（種子）④

金剛燒香菩薩

金剛燒香菩薩，能從智慧中流出金剛焚香，破除一切臭穢煩惱，獲得無礙智慧之香，得一切眾生敬愛。

【特德】

金剛燒香菩薩（梵名 Vajradhūpā）爲金剛界外四供養菩薩之一。

此尊爲毗盧遮那佛於內心證得金剛焚香雲海三摩地的智慧，由於自受用的緣故，從金剛焚香雲海三摩地的智慧中，流出金剛焚香，光明遍照十方世界，供養一切如來，破除一切眾生臭穢煩惱，獲得適悅無礙智慧之香，還來收爲一體。爲了使一切菩薩受用三摩地智慧的緣故，化成金剛燒香侍女菩薩形，安住東南角金剛寶樓閣。

由於金剛燒香菩薩加持的緣故，能證得如來悅意無礙智香。

◉金剛燒香菩薩的敬愛法

在《金剛菩薩大明成就儀軌經》卷上中，記載金剛燒香菩薩的敬愛法門：「復次作敬愛法：畫金剛燒香菩薩像，身作赤色，有十二臂，各有執捉，以上妙天衣裝嚴其身。

畫像成已，行人於像前作觀想，觀畫像身放大赤光，剎那之頃遍照三界，其中一切天人、羅剎，乃至一切人、非人等皆悉敬愛，作觀成已方可求事。

行人欲求敬愛者，先誦大明滿一千遍，然用赤檀木作彼形像，安於金剛燒香菩薩前，行人取迦囉尾囉花，於菩薩像前。一誦大明一稱彼名，一擲彼像誦滿七遍，決定獲得彼之敬愛。

又法：用吉祥木造男、女像，或作童男、童女像，稱彼名用白芥子擲彼像，至七晝夜必得敬愛。

又法：用白芥子、白檀香相和，誦大明八十萬遍，令一切人頂戴，得一切敬愛。」

金剛燒香菩薩

金剛燒香菩薩在金剛界曼荼羅成身會的尊形爲黑色（亦有作青色），現天女形，兩手持香爐。

⊙金剛燒香菩薩的種子字、真言：

1.成身會

種子字：（aḥ）

真言：唵　跋折羅杜　婀

oṃ vajra-dhūpe aḥ

2.三昧耶會

種子字：（aḥ）

真言：鉢囉賀羅儞儞

prahlā-dini

3.供養會

真言：唵　薩婆怛他揭多杜婆布穰暝伽三慕達羅　發羅拏三末曳　吽

oṃ sarva-tathāgata-dhūpa-pūjā-megha-samudra-spharaṇa-samaye hūṃ

4.理趣會

種子字：（a）

真言：摩賀囉多嚩日哩 呼

婆須蜜女

【特德】

婆須蜜女是華嚴經中的女菩薩，能夠鉤攝一切眾生，並使其慾望喜樂滿足進而昇華解脫，入於離貪欲際解脫法門。

在《華嚴經》卷六十八〈入法界品〉，善財童子所參訪的善知識中，有一位婆須蜜女菩薩，她已經證得離貪欲際解脫法門，能隨著眾生的慾望喜樂而爲其示現身形。

如果諸天見到她，她就化爲天女，形體面貌光明，殊勝無比。如果有人或非人等眾生看見她的，她就爲他們化現女人、非人女，隨著他們的喜樂欲望，使他們得以滿足，並昇華、解脫。

經中描寫婆須蜜女的容貌端正莊嚴、色相圓滿，白晰的皮膚金光晃耀，眼睛頭髮則是紺青色的。她的身材高矮適中，穠纖合度，欲界的人或天人之中，根本沒人能夠與她相比的。

她的音聲美妙，超過一切梵世，而且能了解不同眾生的言語。她又深深通達文字義理，因此能善巧地與人談天說話。

她已經證得如幻的智慧，因此能趣入各種方便門。她的身上有眾多珍寶瓔珞，種種莊嚴器具莊嚴自身，頂上戴著如意摩尼寶冠。

婆須蜜女的福德藏廣大無量，她身邊有無量的眷屬圍遶，這些人和她都有著共同的善根和行願。其身上經常發出廣大的光明，普照她宅院裏所有的宮殿，凡是能被此光明照觸的眾生，身心煩惱都得以清涼止息。

如果有被愛欲糾纏的眾生來此，婆須蜜女就爲他說法，眾生一聽聞她說的法之後，就能遠離貪欲，證得菩薩無有執著的境界三昧。

凡是一見到她的眾生，都能遠離貪欲，證得菩薩的歡喜三昧。

只要聽她說話的眾生，都能遠離貪欲，證得菩薩的無礙音聲三昧。

凡是與其握過其手的眾生，都能遠離貪欲，證得菩薩遍往一切佛國剎土的三昧。

凡是坐過其寶座的眾生，都能遠離貪欲，證得菩薩解脫光明的三昧。

凡是看過她頻申的眾生，都能遠離貪欲，證得菩薩摧伏外道的三昧。

凡是看到她的美目轉動的眾生，都能遠離貪欲，證得菩薩佛境界光明的三昧。

凡是擁抱過她的眾生，都能遠離貪欲，證得菩薩攝受眾生恆不捨離的三昧。

凡是曾與她接吻的眾生，都能遠離貪欲，證得菩薩增長眾生福德藏的三昧。

凡是親近她的眾生，都能安住離貪際，趣入菩薩一切智地現前無礙的解脫。

婆須蜜女菩薩，以種種特殊勝妙的方便，使一切見到她的眾生，都能生起歡喜信受之心，更進一步使其從貪愛欲念中解脫。

金剛亥母

【特德】金剛亥母代表眾生大痴的體性，其身紅光熾然，表懷愛攝受眾生，能使一切有情敬愛歡喜。

金剛亥母，藏名：།རྡོ་རྗེ་ཕག་མོ་དཔལ་འཁོར།，譯音爲多傑．帕摩。

金剛亥母，因其頭上有一豬頭，故得亥母之名，爲噶舉派女姓本尊之首。上師相應法亦以金剛亥母爲本尊而起修，是瑪爾巴、密勒日巴、岡波巴諸位尊者的秘密本尊。修雙運道時，以勝樂金剛（方便或慈悲）與金剛亥母（智慧或空性）雙運起氣、脈、明點，以四喜（初喜、勝喜、離喜、俱生喜）配四空（初空、廣空、大空、全體空）修事業手印。

金剛亥母

⊙金剛亥母的懷愛法門

在金剛亥母的修法中其中「金剛亥母作自在母法」，特別具有鉤召特色：首先觀想空中棒（ཝཾ）字化金剛亥母，迎請融入自身，圓成化現紅月輪，種子字ཝཾ，而顯佛母身紅色，右持紅色鄔婆羅花所成之金剛鉤，左持有ཛཿ施字之罥索，將三界一切眾生以索綑綁；以鉤勾召入於自心，然後臍間金剛亥母持鉞刀與顱器作舞立姿。部主：金剛薩埵。

真言為：唵阿　阿木嘎　沙呀乍　紀答　嘛嘎乍呀吽雜

壇城的外圍、有紅、藍、黃、綠等四色波紋，是表火焰，因風煙的變化而呈不同的色相，它的作用是保護壇城，故以智火烈燄周匝圍繞。

第二圈以金剛杵圍繞，代表由主尊「智慧堅固」的本質所成，稱為金剛牆垣，金剛地基、金剛帳幕。

第三圈是骷髏鬘串，代表八大屍林，亦是無常的表義。

此壇城圖中央，為兩三角錐體交疊之「生法宮」，代表攝聚生命的能量。拙火，即是由生法宮所生起。

生法宮正中央蓮花是金剛亥母本尊，身紅色，右手執金剛杵爲柄之彎刀，左持滿盛鮮血之顱器，左脅肩挾倚著代表勝樂金剛的「喀章嘎」天杖。以舞姿立於蓮花日輪屍座上。

四週四葉蓮花上有四位空行母，後方藍色金剛空行母，持杵柄之彎刀，屬頂輪。右方黃色寶生空行母，持寶柄之彎刀，屬喉輪。前方紅色蓮花空行母，持蓮柄彎刀，屬心輪。左方綠色不空成就母，持劍柄之鉤刀，屬臍輪。金剛亥母，屬密輪，合爲五輪。

行者以此觀修，依師所教，修生起，圓滿等次等，進而成就悉地。

⊙金剛亥母的形像

金剛亥母之形像爲一面二臂，身紅色，紅光熾燃徧滿十方三世，右手持金剛鉞刀，左擎盈血的顱器，左肩斜依卡章嘎（天杖），狀若十六妙齡童女，兩乳突出，三目圓睜，面現忿怒顰紋，獠牙緊咬下唇，髮黑微黃豎立，五骷髏冠，五手印飾等骨飾作爲莊嚴，項懸五十新鮮首鬘，並以小鈴花朵而嚴飾，踡右足懸空，伸左足踏蓮花日輪屍座。常見的唐卡造像右前方爲東方藍色金剛空行母，右後方爲南方黃色寶生空行母，左後方西方紅色蓮花空行母，左前方爲北方綠色羯磨空行母。上方是上師大寶法王，下方的護法爲大黑袍金剛。

金剛亥母其身上莊嚴的表徵如下：

一頭表諸法一味，頂上豬頭，表大癡法界體性智，三目表三世智，獠牙表辯才無礙。二臂左表智慧右表方便（慈悲），身紅色表諸魔極怖畏，身紅光滿十方三世表可愛樂樂之色。

鉞刀表斷除煩惱之智慧，顱器表當供養之甘露。天杖表與勝樂雙運，天杖上所具人頭表法報化三身，舞立姿表歡樂，妙齡童女表日新其德，永恆清淨，兩乳突出表二資糧圓滿，怒容表調伏四魔。

五十首鬘表法身體性常寂，小鈴眾骨表不住生死涅槃二邊，五手印飾與踏屍表六度圓滿，降伏我執。

修亥母法可除煩惱、所知二障，啟發俱生智，調氣、脈、明點，證無死虹身，降伏魔仇，攝十法界。

⊙金剛亥母的種子字、真言

種子字：བཾ

真言：唵 巴扎 別若 扎尼耶 哈哩尼薩 吽吽呸 梭哈

ཨོཾ་བཛྲ་བཻ་རོ་ཙ་ནཱི་ཡེ་ཧ་རི་ཎི་ས་ཧཱུྃ་ཧཱུྃ་ཕཊ་སྭཱ་ཧཱ།

第四章 明王部

愛染明王

愛染明王常為增長人際關係、得人敬愛及鈎召法的修法主尊，因此，此尊多以全身赤色來彰顯其懷愛的特德。

【特德】

愛染明王（梵名 Rāga-rāja），漢譯有羅誐羅闍、愛染王等名。爲密教本尊之一。在密教裏，此尊爲「愛欲貪染即淨菩提心」的象徵，故名愛染明王。而

rāja 又含有赤色的意義，因此，此尊多以全身赤色來表示其懷愛的特德，經常做爲爲增長人際關係、得人敬愛及鉤召之修法本尊。

在密教之中，認爲愛染明王是大日如來或金剛薩埵所化現，也有認爲是金剛愛或金剛王等菩薩所化現。

愛染明王爲憐愍眾生，以無上的悲願，外現憤怒暴惡的形貌，安住於大愛欲與大貪染的三昧，內證以愛敬之法，而令眾生得到解脫。

以愛染明王爲本尊所修的密法，稱爲「愛染明王法」，略稱作「愛染王法」或「愛染法」本是台密的祕法，後來東密、台密都共同修習。以此明王爲本尊的曼荼羅，稱爲「愛染曼荼羅」或「愛染王曼荼羅」。修習此一明王的法，主要功能是調伏、敬愛、消災與祈福，尤以敬愛鉤召法特別相感應。

因爲本法以敬愛法爲主，所以在修習愛染法時，大都在赤色的壇上安置赤色的愛染明王本尊。修行者的衣服、爐、壇等，宜以紅色爲主，一本敬愛的體性而與之相應。

愛染明王法，雖以大日如來的敬愛爲體性，但一法同時具足眾法，所以能以

愛染明王

敬愛體性疾速成就消災、祈福與調伏等眾法。因此，在《瑜祇經》卷上中說：「誦大根本明，增益一切福，堅固如金剛。」又說：「能滅無量罪，能生無量福。扇底迦（息災）等法，四事速圓滿。三世三界中，一切無能越。」可知愛染明王能疾速圓滿息災、增益、敬愛、調伏等四事，使我們滅除無量罪業，增益無量的福德，並如同金剛王般的堅固不壞。

愛染明王示現的因緣，依《金剛峰樓閣一切瑜伽瑜祇經》所載，是有一次在金剛界大日如來的法會上，忽然有一障礙者出現。諸位菩薩雖具備了智慧、慈悲與定力的功德，但是見了這位障礙者，依然都宛如醉人一樣迷惑了，而且無法了知這位障礙者，其實就是從一切眾生無始無覺中來，是本有的俱生障、自我所生障。這時，障礙者忽然現身，化作金剛薩埵的身形，遍身放光，照耀大會的諸大菩薩。眾生本俱的染愛，立刻成爲清淨的菩提心——金剛薩埵。

因此，我們從此經中，可以了悟，眾生本具的俱生障礙、染愛，可以當下成就清淨的菩提心。這個寓意是「煩惱即菩提」的當下現成。

此法具有甚深廣大的威力，能當下使我們的本有俱生障、自我所生障等，乃

愛染明王

至最後微細深刻的無明，現成具德的金剛薩埵。

《覺禪鈔》第八十（愛染明王法）中記載：「敬愛有二種：一者菩提敬愛者，如經中所云：速得大金剛位，乃至普賢菩薩位云云……。此明王持無明體，擎清淨蓮打之，即以始覺般若，斷根無明，令歸本覺，即身成佛義也。凡一切菩薩破無明，登妙覺，偏此明王力也。二者世間敬愛，夫婦乃至王臣敬愛也，得金剛位不難，況世間官位乎。」

又說，「此尊未至菩提者，引至菩提，以大悲箭射二乘心，令眾生愛樂佛法，攝伏奪人王者。」

愛染明王之三昧耶形有說爲箭，也有傳承用五鈷杵，《覺禪鈔》中說，若修敬愛法時可觀蓮花上五鈷杵。又說，「以大悲箭射厭離心，無厭離心故。另同鈔中又引〈金界次第〉云，「極喜三昧耶，二羽金剛縛，檀惠禪智豎，忍願交入掌，指面令相合，以二度刺心，名爲大悲箭，以射厭離心，極喜三昧耶，驚覺本誓願。」大意是說以愛染明王之手印，表大悲箭，二度制心，以此射除厭離心，入於極喜三昧耶，驚覺本具之誓願。

愛染明王

⊙愛染明王懷愛鉤召成就法

而在相關經典中，亦有種種修法，可速成就懷愛等四法。

1.一切如來金剛最勝王義利堅固染愛王心真言法

在《金剛峰樓閣一切瑜伽瑜祇經》卷上〈一切如來金剛最勝義利堅固染愛王心品〉中記載：「有真言，名『一切如來金剛最勝王義利堅固染愛王心真言』，於一切瑜伽中，最尊、最勝，速獲悉地，能令一切見者，皆生父母妻子之想，所作之業皆得成就，所持諸餘真言，若佛頂部，及諸如來部、蓮花部、金剛部、羯磨部等，皆能持罰彼等真言，令速成就。」又說：「若真言行人，持經三十萬遍，一切真言主及金剛界大漫拏羅王，皆悉集會，一時與成就，速得大金剛位乃至普賢菩薩位。」

世尊並說此真言為：

唵　摩訶囉誐嚩日羅瑟　瑟抳沙嚩日囉薩怛嚩　惹吽鑁斛

又說根本印及修法為：

二手金剛拳，相叉內爲縛，直豎忍願針，相交即成染，
是名根本印。若持此真言，及以密印力，印心額喉頂，
如金剛頂身，一切諸罪垢，纔結即當滅。若息災增益，
愛敬與降伏，隨其所愛者，纔誦此真言，彼即當獲得。
若毒若相憎，纔結誦當息，加持食七遍，我當降甘露。

修愛染明王法，雖可同時速疾成就息災、增益、懷愛、調伏四法，然因其以大日如來的敬愛爲體性，故一般仍以懷愛鉤召法爲主，如《白寶口抄》卷第百十八（愛染王法下）中說記載有種種敬愛法，如：「妻欲被愛夫者，取男著衣，端染赤色，絞尊面，誦  （吽悉地）明，加持三十萬遍，即得愛念也。」

又說：「欲被所念人愛者，菖蒲書所念人姓名，入我（愛染王）口，誦大呪，加持一百八遍向西方，七日之間，每日飲之，即得愛也。若爲他人者，入尊御口，加持三十萬遍，可令飲，後人即得愛也。」

又說：「欲被自他共愛者，赤色紙書自他姓名，相並書之，入尊口，誦吽吒枳吽弱」明，加持三十萬遍，即得共愛也。」

又說：「欲被國王、大臣愛者，切石菖蒲中指量，書彼王、大臣姓名入尊口，誦「吽吒枳吽」明，加持三十萬遍，即得愛也。」

在《白寶口抄》卷十八中解釋此「一切如來金剛最勝王義利堅固染愛王心真言」義為唵，歸命三身；摩訶，大；囉誐，愛染，染；嚩日囉，金界諸尊；瑟抳沙，胎界諸尊；嚩日囉薩怛嚩，一切有情；惹，召；吽，入；鑁，縛斛，喜。」又說：「此四攝明兩部諸尊並一切眾生，皆引入自體平等無二，迷悟一如也。普遍一體故成就一切悉地，萬德圓備也。

2.愛染明王畫像法及速疾成就敬愛鉤召等四事法

於同經〈愛染王品〉中也記載有：愛染王一切如來共成就雜法悉地及畫像法、能成就扇底迦（息災）、布瑟置迦（增益）、嚩始迦囉拏伽多耶阿（敬愛）、毗左嚕迦法降伏等四法。

其畫法為：於白月鬼宿，取淨白素氎，畫愛染金剛，身色如日暉，安住於熾盛輪中。其三目威怒而視，首髻戴師子冠，利毛忿怒形。又安五鈷鉤，在於師子頂，五色華髻垂，天帶覆於耳。

左手持金鈴，右執五峰杵，儀形如薩埵，安立眾生界。次左執金剛弓，次右執金剛箭，如射眾星光，能成大染法。

左下手持彼，右蓮如打勢，一切惡心眾，速滅無有疑。以諸華鬘索，絞結以嚴身，作結跏趺坐，住於赤色蓮，蓮下有寶瓶，兩畔吐諸寶。」

如法恭敬繪像圓滿後，可依經中偈頌所載，如法修持，愛染王法即可圓滿懷愛、鉤召、增益、息災、調伏等事：「造像安於西，行人面西對，結大羯磨印，及誦根本明，兼示三昧耶，一字心密語，能成能斷滅，一切惡心眾。又結金剛界，三十七羯磨，及以本業明，速成百千事。薩嚩訥瑟吒，及諸誐囉訶，加忿怒降伏，一夜當終竟，誦本根本明，結三昧耶印。」

經中又特別提到其懷愛修法：「又令伽路耶，取紅蓮花蘂，一百八護摩，一宿即敬愛。又令彼攝伏，取白檀香刻，金剛愛染王，五指為量等，長帶於身藏，一切有情類，及諸刹利王，攝伏如奴僕。

常結羯磨印，誦大根本明，增益一切福，堅固如金剛，若七曜淩逼，命業胎等宿，晝彼形那摩，置於師子口，念誦一千八，速滅不復生。乃至釋梵尊，水火風焰魔，頂行之惡類，夜走無邊方，一切惡種惹，淨行苾芻眾，難調毒惡龍，那羅延自在，護世四天王，速除令失命。」

又有愛染王的一字心明：

吽吒　枳　吽　惹

其根本印為：二手金剛縛，忍願豎相合，進力如鉤形，檀慧與禪智，豎合如五峰，名羯磨印契，亦名三昧耶。

若纔結此根本即一遍，及誦本真言，能滅無量罪，能生無量福，懷愛等四法，速疾圓滿。

3.愛染明王一字心真言

在《金剛峰樓閣一切瑜伽瑜祇經》〈一切如來大勝金剛心瑜伽成就品七〉中說：

金剛手菩薩說成就金剛薩埵一字心大勝心相應，然後說此真言：「吽　悉　地」此為愛染明王的真言之一，為一字心真言。

依經中所載，若常誦持此真言能得一切天人愛敬降伏，能令一切人見者歡喜，能成就一切心願、悉皆圓滿。速得成就金剛薩埵身悉地，現生世間獲得一切法平等金剛心。」

由此可知，「吽悉地」真言具有二種作用：一是能夠使一切天人愛敬，所以是具足鉤召法、懷愛法及降伏法。所以愛染明王是諸法具足成就，尤其在懷愛法上，其特別殊勝之處，因爲愛染明王是在一切法性中、一切眾生本性當中，本具的愛染心。

所以我們常常持誦一字心真言，則能令別人歡喜，也能成就圓滿一切心願，迅疾成就金剛薩埵身。

⊙愛染明王的形像

愛染明王的身相，主要是以金剛薩埵的身相爲主體的顯現，我們看愛染明王的法相，可以看到他的右手執金剛杵，左手執金剛鈴，和金剛薩埵的持物相同，所以他是以金剛薩埵的造相爲根本，所顯現出來的相。

愛染明王的形像，通常都現忿怒形，有三目代表法身般若解脫三妙德，也代表佛部、蓮華部、金剛部等三部。忿怒眼表對於違背菩提的人，予以降伏，身色如日暉表敬愛、慈悲，頭戴獅子寶冠表降伏一切障礙、無畏自在，獅子頂上安置五鈷鉤，其五鈷表眾生本具的五智，鉤表鉤召懷法；五色花鬘五部如來妙德、五種悉地成就。以諸華鬘索紋結莊嚴其身，結跏趺坐於赤色蓮華上，蓮座下有寶瓶，寶瓶吐出眾多的寶物，代表增益法。

其左手持金剛鈴、右手執五峰杵，鈴杵表息災法；左次手拿金剛弓，右次手執金剛箭準備射出，攝持一切眾生本來所具足的如來體性。其左下手抓著代表眾生無明的梵天頭（或抓空），右下手持蓮華，舉起如欲打之姿勢，表示降伏一切惡心痴迷的眾生，表降伏法。

此外，此尊尚有兩頭二臂像傳世，《白寶口抄》中說：「寂靜熾然，光明勇猛，忿怒威峻，既一尊一三摩地中，寂靜與忿怒二義分明也，隨心異相，現形不同也。是寂靜故顯慈悲面，忿怒故顯惡相，是兩部義門，定、慧二法也。雖然顯一身，即不二和合義，敬愛至極也。」

《金剛王軌》中則描述四臂像爲：是五智金剛，則又變成本尊身，身有四臂，上二住端箭勢，下右手仰當心持金剛杵，下左手爲金剛拳安左腰側，持金剛鈴。嚬眉，口微咲，白色，戴五佛冠，緋裙天衣，半跏坐月輪中蓮花上。

《覺禪鈔》則說：其身色如日暉，住於熾盛輪，是菩薩能調伏三光神（日、月、星也），況餘類哉。謂住於熾盛輪者，是坐日輪也，有熾盛猛炎故也。

⊙愛染明王的種子字、真言

種子字：（hūṁ）或（hhūṁ）或（hoḥ）

【真言】

通咒

唵① 摩賀囉誐② 縛日路瑟抳灑③ 縛日羅薩埵縛④ 弱⑤ 吽⑥ 鑁⑦ 穀⑧

①②③④⑤⑥⑦⑧

oṁ① mahārāga② vajroṣṇīṣa③ vajrasattva④ jaḥ⑤ hūṁ⑥ baṅ⑦ hoḥ⑧

歸命① 大愛染② 金剛頂③ 金剛有情④ 鉤召⑤ 引入⑥ 縛住⑦ 歡喜⑧

成就一字心明

唵① 吽② 悉底③ 娑縛賀④

oṁ① huṁ② siddhi③ svāhā④

歸命① 引入② 成就③ 成就④

一字心明

吽 吒 枳 吽 惹

hhūṃ ṭakki hūṃ jjaḥ

大威德明王

大威德明王是無上密教最重要的本尊之一，其一切真言，特別能求得世眾生之敬愛，攝受一切有情。

【特德】

大威德明王（梵名 Yamāntaka），音譯為閻曼德迦，意為摧殺閻魔者，故別號降閻摩尊；密號為威德金剛。此外，又稱作大威德尊、大威德忿怒明王、六足尊。為五大明王或八大明王之一。若擬配五佛，則為無量壽佛的教令輪身，亦可視為文殊菩薩的化現。在現圖曼荼羅中，此尊位於胎藏界持明院，般若菩薩的左側。

在西藏密宗中，大威德金剛是無上密最重要的本尊之一。與此尊有關的密法很多，主要的作用是在除魔與對治閻羅死魔等，是無上瑜伽部中，即身成就的主尊。

以大威德明王爲本尊的修法，在日本密教中也不算少。通常都用在戰爭時祈求勝利，及調伏惡人等。

在佛教藝術作品中，現存的大威德明王像，以日本所繪造者爲多。日本密宗重鎮教王護國寺（東寺）中所藏者，即爲五大明王中最早的作品。

⊙大威德明王萬愛秘術如意法

《曼殊室利焰曼德迦萬愛祕術如意法》中，詳載了大威德明王尊懷愛修法。這是爲求末世眾生敬愛，而說一印真言，來利益眾生。

經中先說大威德明王之形像：「其身六面六臂六足，乘水牛。所謂六面，頂上三面，中面菩薩形柔軟也，其面頂有阿彌陀佛，又六臂，所謂左一鉾二輪索三弓，右一劍二寶杖三箭，以彼弓鑄勢也。又六足，左三足立輪，右三足上彼輪下有木牛，牛四足立花座，復像背有火焰，如虹。又如吠瑠璃。

其火中當像右足下有寅神，次第十二神但未申對面。」

大威德明王

而此懷法之壇形爲壇水圓壇，其壇中置輪可修行，增益敬愛息、災、調伏法。皆可置此輪。

經中又説一印口傳，呪曰：「唵瑟底哩迦羅嚕婆吽欠娑呵以此印呪向佛，成普禮及次第觀念。」

復次又説曼陀羅法：「內院明王，明王背有法形文殊，外院東方召請童子，其形如童子，髻上生登以弓矢，東南方針設尼童子如上形，左拳右把三角鉾，左拳置腰。南方救護慧童子，如上形，左投輪，右施無畏右足上。西南方烏波計設尼童子，如上形，二手花鉢。西方光網童子，左拳置腰，右捧孔雀尾。西北方地慧童子，右手把三貼，如金剛藏王。北方無垢光童子，如上形，左拳置腰，右索上。東北方不思議童子，左拳置腰，右劍地上物打勢也。

二一身五色立輪，輪下一一有師子，如是説法，成就説法，高山頂造淨室，四十九日無言，斷火如法。百萬遍滿足，然後法成就獲得。」

在《妙吉祥最勝根本大教王經》卷下中，亦説一心持誦此尊真言，能獲眾人敬愛：「復次求囉惹敬愛成就法，如前所作幢像前，用屍灰畫彼囉惹形像，持明

藏密大威德明王

者坐彼形像，一心持誦大明一阿庾多，當稱：『彼名某甲生於敬愛。』復誦莎賀字，如是常誦大明，稱彼名字，即得敬愛如僕從等，供給所須及財物等。如前誦一阿庾多，令婆羅門亦生敬愛，若誦六洛叉，得叉怛哩及吠舍等而生敬愛。如前誦一阿庾多，及童女等生於敬愛。」

在《白寶口抄》卷第百九（大威德法中）說，若所愛者，欲得所愛者，二人姓名書之，面合取不愛人髮，若服物等，纏彼姓名，置尊像下，或結付壇下物，勿令知他人。三日或七日等修此法成就，若有人此法令知他人，永不蒙本尊加持。印相呪印用根本也。」

⊙大威德明王的形像

此尊的形像有多種。依《大日經疏》卷六記載：降閻摩尊是文殊菩薩的眷屬，具有大威勢力，其身六面、六臂、六足，以水牛爲坐騎，面有三目，色如玄雲，作極忿怒之狀。另外，在《八字文殊軌》中，對此尊也有所描述，據述：閻曼德迦金剛，身青黑色，六頭、六臂、六足；其六臂各執器仗；左上手執戟，次下手執弓，次下手執索；右上手執劍，次下手執箭，次下手執棒。乘青水牛爲座。身材高大，且遍身火焰，展現出極忿怒形。

在《覺禪鈔》卷第九十四中，引《立成軌》說其形像爲：「聖閻魔德迦威怒王，乘青水牛，持種種器杖，以髑髏爲瓔珞頭冠，虎皮爲裙，其身長大無量由旬，遍身火焰洞燃，如劫燒焰，顧視四方，如獅子奪迅。」

在《白寶口抄》卷第一百八中，記載大威德明王尊形所象徵之意義：

其中說大威德明王具足六面六臂六足之義爲：

彼像六足六首六臂，所以淨六趣、滿六度、成六通。

又說六面表利益六趣，六臂圓滿六度，六足顯現具足六歟，修六度於菩提彼岸，大力自在的意義。

本尊乘水牛之義爲：此尊乘水牛，水牛力勝牛，是則表運載行者令至薩般若界之義也。

本尊身青黑之意義：五大明王皆青黑色，是忿怒義也，又同黑業煩惱眾生，消滅彼無明煩惱，故同黑業煩惱色，是煩惱即菩提義也。

本尊安住大智火的意義：五大明王皆佩火焰，是大智火聚也，《底哩經》說：不動火焰，即是表本尊自性火生三昧，先能降伏火龍制諸異道，上至等覺下至眾生，都能燒諸煩惱乃至菩提大智習，燒卻一切眾生無明煩惱黑闇障故，此尊大智火聚亦復如是。

大威德以髑髏爲瓔珞，在《白寶口抄》中說：「此最祕事也，表過去無明，即人體無明義也，依無明惑愛人身，故以人頭表無明，白頭是表過去義也，以之爲瓔珞，本來無所動義也，是煩惱即菩提，生死即涅槃意也。」其又引《仁王經》云：「菩薩未成佛時，以菩提爲煩惱，菩薩已成佛時，以煩惱爲菩提。」

而本尊以虎皮爲裙，因虎皮表猛利忿怒義，又表因位苦行相，是持明仙人之義。

⦿大威德明王的種子字、真言

種子字：（hrīḥ）或（ṣṭhri）或（hūṃ）或（maṃ）

唵① 瑟置哩② 迦攞③ 嚕跛④ 吽⑤ 欠⑥ 娑縛賀⑦

oṁ① stri② rūpa③ rūpa④ kūṁ⑤ khaṁ⑥ svāhā⑦

歸命① 瑟置哩（種子）② 黑③ 色④ 吽（恐怖）⑤ 欠（幸福）⑥ 成就⑦

不動明王

【特德】 不動明王是一切眾生的守護者，如影隨形，恆不相捨。修持其法門，可得一切眾生敬愛，消除種種災障。

不動明王（梵名Acalanātha），爲密教五大明王之一或八大明王之一，又稱不動金剛明王、不動尊、無動尊、無動尊菩薩，密號爲常住金剛。

另外，在《大日經疏》卷五中則敘述，不動尊雖久已成佛，但以三昧耶本誓願故，示現奴僕三昧，爲如來僮僕執作眾務，所以又名不動使者、無動使者，受行者的殘食供養，常晝夜擁護行者，令成滿菩提。

不動明王是一切眾生的守護者，他雖然示現為忿怒相，但卻永遠守護著一切眾生。他的忿怒完全是從大悲心中所出生的，悲憤著眾生為何尚未成佛。

不動明王久已成佛，但由於本願的緣故，而示現為如來僕使的相貌，護持三寶，執持勤務。他率領眾多的使者，晝夜恆常的擁護修行者與眾生，使其不怯弱的生起菩提心，斷惡修善，而圓滿大智成佛。能夠安穩自在，無畏的安步向前。

不動明王，以為本願故，而倒駕慈航，成為一切如來的奴僕，守護著所有眾生的慧命。是法性自身的大日如來，為了教化一切眾生，而示現教令輪的化身，使一切眾生能即身成佛。

不動尊以大悲心從法界體性中，出生火生三昧，摧滅法界中的一切罪障，焚燒眾生所有垢穢，並安住於菩提心，寂定不動，此尊同時也代表眾生自性中無所不在的菩提心。

不動明王是一切眾生的守護者，是一切護佑眾生永遠平安、圓滿的護法。

在《大日經疏》卷五中說：「所以持利刃以羂索者，承如來忿怒之命，蓋欲殺一切眾生也。羂索是菩提心四攝方便，以此執繫不降伏者。以利慧刃，斷其業

不動明王

壽之命，令得大空生也。」

不動尊承著如來忿怒之命，持慧刀及羂索，斬斷一切眾生所具的業障痛苦煩惱的壽命。使他們在布施、愛語、利行、同事等的菩提心四攝之索的鈎召之下，圓成佛道。

在《勝軍不動明王四十八使者秘密成就儀軌》中，不動明王的誓願爲：「見我身者，得菩提心，聞我名者，斷惑修善，聞我說者，得大智慧，知我心者，即身成佛。」

他更如影隨形守護眾生之菩提心，直至成佛。由於不動明王的悲心與威力，能強力去除眾生的一切災難障礙。在相關經典中，常可見到不動明王消除災障的修法。

⊙不動明王法

不動明王在密教中的地位極爲重要，尤其在東密中更發展出許多的教法。在經典裡，有關不動明王的修法有很多種，最常見的不動明王法有「不動明王十四

不動明王

根本印」、「十九布字觀」及「十九種相觀」。

不動明王十四根本印，主要來自《不動立印軌》、《不動使者法》、《底哩三昧耶經》等所說的不動明王十四印契。

而在《立印軌》中也提及供養不動明王的方法：

「若能於每日，誦一百八遍，無動尊常逐，修真言菩薩，每食餘殘者，以置於淨處，奉獻無動使，隨心獲悉地。」

而《安鎮軌》也說，上從天宮，下至黎庶，悉行此法。若不遍行，無有此處，皆於所居安置形像，勿生怖畏。我以本願不捨眾生，常居一處渾同穢，惡令清淨。

在《白寶口抄》卷一百一中提到，不動明王尊使眾人懷愛的護摩修法：

《立印軌》云：

復次護摩法，以比哩孕愚，護摩十萬遍，成就敬愛事，又法以松木，護摩十萬遍，得眾人歸敬，又法以大麥，護摩十萬遍，得成大長者。

不動明王

其中說：「比哩孕愚」是粟花也，也有說是鉢孕瞿華，此花出生於印度，如間粟穀之色，花房亦如穀穗甚香。此花表得一切人愛樂。

⦿不動明王的像形

關於此尊的形象，依據不同的經典、傳承，有諸多不同法相，隨緣示現。據《大日經》、〈具緣品〉、《底哩三昧耶經》等所述，右手持劍（斷煩惱惡魔）、左手持索（示自在方便），頂有七髻，安坐在磐石上，爲最常見的身相。

其他如，《不動使者法》中云：「當畫不動使者，身赤黃色，上衣斜帔青色，下裳赤色，左邊一髻黑雲色，童子相貌。右手執金剛杵，左手執羂索，口兩邊微出少牙，怒眼赤色，火焰中坐石山上。」

而一卷《底哩法》中則記載：畫不動尊，著赤土色衣，左垂辮髮，眼斜視，童子形。右手執金剛杵當心，左手執寶棒，眼微赤，坐蓮華上，瞋怒相，遍身火焰。

另外，不動明王也有多臂的法像，如《安鎮軌》中描述：「作四臂大嚴忿怒身，紅青色洪滿端嚴，目口皆張，利牙上出，右劍左索，其上二臂在口兩邊，作忿怒印，身處八輻金剛輪。」在世間的十二天中，則以此四臂的不動尊爲首領。

在《白寶口抄》卷九十九中，提及不尊明王尊形所象徵的意義，其中提到不動明王尊的十九種觀想：

第一觀：此尊大日如來化身身，於實相花臺久已成佛，以本願故，爲如來使者，執持諸務。

第二其真言中中有阿、路、哈、鋡四字，一切三世諸佛皆從此四祕密應現二身，於菩提樹下降魔成佛，是寂滅定不動義。

第三，不動尊常住火生三昧，以覽 字智火燒一切障成大智火。

第四其身常現童子形，身卑肥滿，表上承佛敕，給使行者，下化眾生，攝持雜類。

第五頂有七莎髻，表轉七覺分法也。

第六左垂一辮髮，對眾生就如同世間父母對待獨子一般慈愍疼愛。

第七額有皺紋形如水波，表憶念六道，隨趣多思。

第八閉左一目開右一目，表掩蔽左道令入一乘。

第九下齒喫上右唇，下左唇外翻出，表以慈悲用力令怖魔羅。

第十緘閉其口，表滅除眾生生死戲論語風。

或說閉口現皺，是悲泣之相也，忍而悲泣，閉口也，譬如有人呵責惡子，雖現怒相而內悲愛染。

第十一右手執劍，表殺害眾生現在三毒煩惱。

第十二左手持索，表繫縛不降伏者，以利慧劍斷惑業，令引至菩提。

第十三喫行人殘食，表噉盡眾生未來無明習氣。

第十四坐大盤石，表鎮眾生重障，令不復動，使成淨菩提心，如妙高山王。

第十五色醜青黑，表調伏無明相。

第十六奪迅忿怒，表威猛相。

第十七遍身迦樓羅焰，表智火金翅鳥噉食惡毒有情龍子。

第十八變成俱力迦羅大龍繞劍，表智火龍摧滅九十五種外道龍火。

第十九變作二童子給使行人，一名矜迦羅，恭敬小心者，表隨順正道，一名制吒迦，恐語惡性者，表不順違正道者也。

⊙不動明王的眷屬

不動明王是一切明王、護法之主，因此廣義而言，一切的明王、護法，都是屬於他的眷屬。

而經軌中所說的眷屬，最主要的則有二童子、八童子或四十八使者等說法。其中二大童子是不動明王最親近的眷屬，而且廣爲人知的，即矜羯羅與制吒迦二位童子。而這二位童子，有時也被認爲是不動明王的化身。

「矜羯羅」意爲隨順與恭敬小心。而「制吒迦」則意爲難以共語的惡性者。這兩尊輔佐不動明王，來幫助一切眾生。

矜羯羅童子的像貌，宛如十五歲的童子。頭上戴著蓮華冠，而身色爲白肉色，二手合掌。他的二大指與頭指之間，橫插著一股杵，身穿著天衣袈裟及微妙的嚴飾。

而制吒迦童子的像貌亦如童子，身色如紅蓮，頭上結著五髻，一髻結在頂上的中間，一結額上，一結在頭的左右，一結頂後，代表五方五智。左手持著囀日囉（金剛杵），右手執著金剛棒。因爲是瞋心惡性者，所以不著袈裟，並以天衣纏著頸肩。

⊙不動明王種子字、真言

種子字：（hmmāṁ）或（hāṁ）或（hūṁ）

【真言】

中咒（慈救咒）

曩莫① 三曼多縛日羅赧② 戰拏③ 摩訶路灑拏④ 薩頗吒也⑤ 吽⑥ 怛羅迦⑦ 悍漫⑧

namaḥ① samanta-vajrāṇāṁ② caḍḍ③ mahā-roṣaṇa④ sphaṭaya⑤ hūṁ⑥ traka⑦ hāṁm āṁ⑧

歸命① 普遍諸金剛② 暴惡③ 大忿怒④ 破壞⑤ 吽（恐怖之義）⑥ 堅固⑦
悍漫（種子）⑧

小咒

南麼① 三曼多伐折囉赧② 悍③

namaḥ① samanta-vajrāṇāṁ② hāṁ③

歸命① 普遍諸金剛② 悍（種子）③

施食眞言

曩莫① 三曼多縛日羅赧② 怛羅吒③ 阿謨伽④ 戰拏⑤ 摩賀路灑⑥ 娑
頗吒野⑦ 吽⑧ 怛羅麼野⑨ 吽⑩ 怛羅吒⑪ 唅鋡⑫

namaḥ① samanta-vajrāṇāṁ② traṭ③ amogha④ caṇḍ⑤ mahā-roṣa
ṇma⑥ sphaṭaya⑦ hūṁ⑧ tramaya⑨ hūṁ⑩ traṭ⑪ hāṁ⑫

第五章 其他懷愛本尊

摩利支天

虔敬修持摩利支天法，能使一切有情歡喜，深生敬愛，增長大威勢力，成就一切敬愛法，效驗不可思議。

【特德】

摩利支天（梵名Marīci），又音譯為摩里支天、末利支天。意譯作積光、威光、陽燄等名。是一位能夠自我隱形而為眾生除滅障難、施予利益的本尊。雖然屬於天部，但有時也被稱爲摩利支天菩薩或大摩里支菩薩。

依密教所傳及各經軌所載，修習摩利支天法，如果得到成就，即能使一切有情悉皆歡喜，深生敬愛。此外，還能消災除危，最特別的是能隱身成就。依《佛說大摩里支菩薩經》所載，此尊「能令有情在道路中隱身、眾人中隱身。水、火、盜賊一切諸難皆能隱身。」一切天魔惡鬼外道，都無法覓得修法者的行蹤，而「諸持誦阿闍梨，若依摩里支成就法行，精進修習，勇猛不退。無缺犯，如是眾生，令得菩薩清淨大智」。除此之外，經中還詳載有息災、增益、敬愛、降伏等法，若得精進修習，各法均有不可思議之效驗。

而依佛經所說，修習摩利支天法或誦習《摩利支天經》的人，也往往能得到其不可思議能力的加護，其人即不爲冤家所害，具足與此天一樣的大神通自在勢力。

如據佛典《佛說摩利支天菩薩陀羅尼經》所載，摩利支天有大神通自在之法，常在日天（太陽神）前行走，日天不能見她，而她能見到日天。由於她能隱形，所以她的形蹤無人能知。對於她，無人能捉，無人能害，無人能加欺誑、束縛

摩利支天

。修持此法之人，也能獲得相同的威力。

又說，「若欲供養摩利支菩薩者，應用金、或銀、或赤銅、或白檀香木、或紫檀木等，刻作摩利支菩薩像，如天女形，可長半寸，或一寸二寸已下，於蓮花上或立或坐。頭冠瓔珞種種莊嚴極令端正，左手把天扇，其扇如維摩結前天女扇，右手垂下揚掌向外，展五指作與願勢，有二天女各執白拂侍立左右。

作此像成，戴於頂上或戴臂上或置衣中，以菩薩威神之力不逢災難，於怨家處決定得勝，鬼神惡人無得便。若欲成驗願見摩利支天真身求勝願者，誦此陀羅尼滿十萬遍，依法建立曼荼羅，畫摩利支菩薩像，安置壇中種種供養，並作護摩火壇。摩利支天女必現其身，所求勝願決定成就，除不至心。」

⊙摩利支天敬愛成就法

摩利支天據經軌所載有種種敬愛成就法，以下僅就《大摩里支菩薩經》卷三、四所述，列舉一二：

就鬼宿直吉日，用無憂樹木作形，長一肘量。復就鬼宿直日，畫摩里支菩薩三面各三眼，頂戴寶塔及無憂樹，花鬘、金環、瓔珞、寶帶、腕釧、指環種種莊嚴，身作紫金色，光如萬日。著紅衣、赤天衣，左手執索、無憂樹枝、線；右手執金剛杵、箭、針、鉤。正面有大光明，眼相清淨，圓滿適悅。脣如摩尼珊瑚，亦如曼度迦花及儞摩果。左面醜惡，顰眉、出舌，作瞋怒相，如大青寶色入見怕怖，右面作豬相，如蓮華寶色，頂戴寶塔，內安舍利，光如日月。乘豬車，立如舞蹈相。於其車下有風輪，輪上有賀字，變成羅睺大曜如蝕日月。若幰畫畢，志心齋，童女隨力獻五供養。若阿闍梨依此幰法，白日對日作，夜分對月作其觀想。

復將此菩薩幰，於寂靜之處，安置於彼幰前，以白檀或衢摩夷，作曼拏羅，誦真，散花、獻瓔珞、幡蓋、花鬘、燃燈、燒安悉香。及種種飲食供養。或用閼伽鉢，或螺盃、或金銀銅鐵等器供養。次結毗盧大印安自身上，誦本真言，請召摩里支菩薩，真言曰：

唵引摩引里支引曀　曳引二合

請召已，作觀想，如觀幰像而無有異。時即獻五種供養，真言曰：

唵(引)摩(引)里支(引) (引)儞多(引)曳(引)阿怛囉(合二)散儞 多(引)彌(引)婆嚩阿努囉訖多(引二合)彌(引)婆嚩酥覩(引)瑟也(引二合)彌(引)婆嚩酥布(引)瑟也(引二合)彌(引)婆嚩薩里嚩(合二)悉(身切)左彌(引)鉢囉(合二)野蹉

獻供養已，用白檀塗花鬘。嚴飾閼伽瓶，以手捧擎，誦真言八百遍，獻閼伽瓶，如菩薩與自灌頂，即作是言：「願我於今速成真言法。」發勇猛心如摩里支菩薩。復作觀想，誦真言一洛叉得見祥瑞，或㦤像震動，或燈火焰增明，或聞妙香，或見熾火，或見青煙，或見光焰。如不見祥瑞，復誦真言一倍至三倍，必有祥瑞，乃至一俱胝必見成就，得菩薩現本相施彼所願，令得所求成就。或是聖劍、眼藥、革屣、牛黃、隱身丸藥，聖藥、神通等，皆得殊勝最上。

若聖劍得成就者，手執聖劍，即得一切持明天主，與諸天女長受娛樂，此名聖劍成就。若眼藥得成就者，以藥點眼，所有一切世間天人阿修羅等，以眼視之，彼等有情皆大歡喜，深生敬愛，名眼藥成就。若革屣得成就者，著此革屣經一日中，行一千由旬復還本處，此名革屣成就，若牛黃得成就者，以此牛黃點於額上，令身能變種種形相，眾人見之皆生敬愛，此名牛黃成就。

復有真言曰：

唵引摩引里支引娑嚩引二合賀

此真言日誦千遍得長壽無病，增長大力，眾人敬愛。誦阿喻多數，得成就法，誦一俱胝設先造五逆罪亦得成就。若欲成就隱身點眼藥。革屣聖劍含丸藥。得神通得大人敬愛。

復有成就法，令彼國王愛敬：用尼俱陀樹根作彼王形，分明端嚴，然用牛黃燕脂供俱摩，書彼王名及真言，安在心中作觀想，以索鉤牽拽，如是想已，即誦真言，令彼國王盡心敬愛承事供養。

復有成就法，用豬耳藥並根花葉及牛黃，就鬼宿直日，以豬牙研碎作丸，陰乾已後，以藥點在額頭，如國王見者決定敬愛。

復有藥法。用惹演帝子白詣里迦尼子牛黃，就鬼宿直日，以豬牙研碎，亦點額上，如見國王，決定歡喜，若入軍陣亦得勝彼，及一切所求皆得成就。

復有藥法，用白囉摩心藥並汁儞惹藥子，就鬼宿直日合和，如前點之，得修行人敬愛。

復有藥法，用囉摩儞喻帝藥，魯難帝藥足乳者，誦人自身汗合和，此名佉禰囉丸，密人於飲食內食之，乃至大自在天亦生敬愛。

復有藥法，用白馬鞭草及綠色馬鞭草、牛黃，同以合和，如前點之，亦得帝王敬愛。

復有藥法，用金翅鳥輪藥，天主密藥、尸羅魯藥、左曩藥、雌黃，修合點額，亦得一切敬愛。

復有藥法，用金翅鳥輪藥，天主密藥、惹致迦藥，魯難帝藥，用水合和，以點額上，經剎那之間，得國王大臣並及眷屬皆生敬愛。

⊙摩利支天的形像

摩利支天的形像依修法不同，有多種不同相應的造像，如：有一種造像作天女形，或坐或立於蓮花上；左手在胸前持天扇，右手下垂。也有的是現忿怒像，有三面，每面有三目，有六隻手臂或八隻手臂，騎乘於野豬上，或坐於七野豬拖車之上；左方的各手分別執無憂樹、羂索及弓弦；右手各手分執金剛杵、針、箭與金剛斧。

此外，尚有現六臂童女相者，如經所載：「想虛空中𤚥字變成摩里支菩薩，作童木相，身黃金色，著青天衣，種種莊嚴，六臂，面容微笑，脣如是曼努迦花色，眼如憂鉢羅花葉，圓光如月，頂戴寶塔，於寶塔上出無憂樹，其樹有花，開敷殊勝，彼摩里支乘金色豬，有群豬隨後。」

也有三面八臂相如：「變自身成摩里支菩薩相：身如閻浮檀金，光明如日。頂戴寶塔，著紅天衣，腕釧、耳環、寶帶、瓔珞及諸雜花種種莊嚴。八臂、三面、三眼、光明照曜。脣如曼度迦花，於頂上寶塔中，有毗盧遮那佛，戴無憂樹花鬘。左手執羂索、弓、無憂樹枝及線；右手執金剛杵、針、鉤、箭。正面，善相微笑，深黃色、開目，脣如朱色，勇猛自在。左面，作豬相，醜惡忿怒，口出利牙，貌如大青寶色，光明等十二日，顰眉吐舌，見者驚怖。右面，作深紅色，如蓮華寶有大光明……。」

⊙摩利支天的種子字、真言

種子字：（ma）或（maṁ）

【真言】

小咒一

唵① 摩利制曳② 娑嚩訶③

𑖌𑖼① 𑖦𑖨𑖰𑖓𑖸𑖧𑖸② 𑖭𑖿𑖪𑖯𑖮𑖯③

oṁ① mariceye② svāhā③

歸命① 摩利支② 成就③

小咒二

唵① 阿儞底也② 摩利支③ 娑嚩訶④

𑖌𑖼① 𑖁𑖟𑖰𑖝𑖿𑖧② 𑖦𑖨𑖰𑖓𑖰③ 𑖭𑖿𑖪𑖯𑖮𑖯④

oṁ① āditya② marici③ svāhā④

歸命① 日② 陽炎③ 成就④

大聖歡喜天

【特德】 大聖歡喜天發願守護眾生。供奉修持本尊，能使眾生得人敬愛，夫妻和合，袪除疾病、災障。

大聖歡喜天（梵名 Mahārya-nandikeśvara），具稱大聖歡喜大自在天神，略稱作歡喜天、聖天。又稱作誐那鉢底（梵名 Gaṇa-pati），有誘導者之意，或譯作常隨魔。別名爲毗那夜迦（Vīnayaka）。爲佛教護法神。

據《希麟音義》卷七所述，大聖歡喜天爲障礙神，其形相爲象頭人身，能障礙一切殊勝事業。《大日經疏》卷七則說：「所謂毗那也迦即是一切爲障者，此障皆從妄想心生，若能噉食如是重障，使心目開明。」

相傳此天原爲印度神話中的神祇，稱作甘尼沙（梵名 Ganeśa、Ganesh），音譯或作誐尼沙。相傳是濕婆神（即大自在天）與其妃波羅娃蒂（Pāravatī，或稱作烏摩（Umā）之子，與其兄弟共同統轄其父大自在天的眷屬。其形像為象頭大腹，缺一牙，有四臂，乘鼠。

關於其尊形為象頭的來由，一說是當濕婆神與波羅娃蒂化現為象姿時，甘尼沙恰於其時出生，所以生有此形。

另一傳說是甘尼沙是在其父外出時出生，與其父並不相識，一日其母波羅娃蒂沐浴時，濕婆神自外歸來，甘尼沙為阻止濕婆神闖入，而與濕婆神相鬥戰，濕婆神在大怒之下，切落了甘尼沙之頭，待怒氣平息時，才得知甘尼沙是自己的兒子，於是應允其妻將所見第一隻動物的頭砍下給甘尼沙作頭，恰巧其所見的第一隻動物為象，因此甘尼沙就成為象頭人身的模樣。

至於，甘尼沙缺一牙的緣故，相傳則是因為有一次當濕婆神在開拉沙山睡眠時，波拉修拉瑪來見濕婆神，卻遭甘尼沙的阻擋。於是兩人便發生了爭執，因此在爭執中，甘尼沙失掉了一牙。

相傳印度史詩《摩訶婆羅多》的完成，與甘尼沙也有關係；在印度文學作品的卷首部分，常附有獻予甘尼沙之敬禮文，並求其除去障害。

大聖歡喜天

此外，大聖歡喜天也是印度文學、智慧的保護神，印度人民於著述、出外旅行時皆有祭祀歡喜天的習俗。印度摩訶拉須特拉省對此神的崇拜風氣頗盛，至今每年八月底的「甘尼沙節」都有盛大的慶祝活動。又，此尊也被視爲財神，一般所說的象頭財神，即是指此。

⊙大聖歡喜天雙身像由來

在聖天的各種形像中，其中常見到雙身交抱之形像，此也象徵成就敬愛之義。此雙身像之由來爲何呢？

在《毗那夜迦密僧》中說，往昔有山名毗那夜迦山，又稱象頭山，又名障礙山，其中多位有毗那夜迦，其聖名歡喜，與其眷屬無量眾，俱受大自在天勅，欲往世界攝奪眾生精氣，而作障難。當時，觀自在菩薩因大悲薰心故，以慈善根力，化爲毗那夜迦婦女之身，前往彼歡喜王所。于時彼歡喜王見到此女，慾心熾盛，欲觸摸彼毗那夜迦女，與抱其身。

但此女不肯受之，彼王即作愛敬，於是觀音所化之女即說：「我外形雖似障女，但從昔以來，能受佛教，得袈裟衣服，汝若實欲觸我身者，可隨順我之教誨，於盡未來世能爲護法，並隨護諸行人，不作障礙，如此，方可與你爲親友。」

此時毗那夜迦說：「我依因緣今時值遇汝，從今已後，隨順汝所說，修持護念佛法。』於是，毗那夜迦女即與其含笑而相抱。」這就是大聖歡喜雙身像的由來。

⊙聖天敬愛法

在《白寶口抄》卷第百三十中，記載聖天之敬愛法：

「敬愛時，摺本尊鼻也，亦佛背爲前摺背也，又取其兩人姓名，插本尊脇，或髮，或衣線吉也。

又赤紙二枚，切八葉其二枚間入兩人名，判合面入之也，唐墨少加之，若以彼人髮，緘其八葉，或衣線，吉也。

如此置壇，又鴛鴦羽八葉中入之也，或置本尊座也，又彼人八卦吉方，水土取之和，本尊座書所求事。

實運僧都云：聖天供松葉，書夫婦名，次書伽路耶，裹紙置壇上。口傳云：以糸二筋編松葉書之，如疊紙中入之也，男女敬愛時，舒本尊鼻縛，取彼男女令來，付敬愛意也。自餘所望事如此。」

在《覺禪鈔》卷第一百五中並說，造以下形像之聖天以供養之，能得一切諸人愛敬：「形像品云：六處愛者，一者以鼻各觸愛，背二者以臆合愛，三者以手抱愛腰，四者以腹合愛，五者以二足踏愛，六者著赤色裙，是偏表敬愛。故有行者，造供此六種愛敬像，此人必得國王、大臣、后妃、綵女，及以一切諸人敬愛，發勇猛信心，莫生一念疑滯，住住證驗甚以多多。」

在《覺禪鈔》卷第一百五中，記載聖天之本誓：其引《使咒法經》之說法：「我有微妙法，世間甚希有也！眾生受持者，皆與願滿足，我行願世法，世眾希有事，我能隨其願，有求世異寶，使世積珍利家豐足七珍，有求色美者，發願虛然至，莫須言遠近有眾生疾苦，神狂及疾癲，疾毒。眾不利，百種害架惱，誦我陀羅尼，無不解脫者。獨行闇冥處，依我皆無羅尼，無不解脫者。獨行闇冥處，依我皆無畏隨有感滿足，設眾惡來侵，我悉能加護，住居皆吉慶，宅舍悉清寧，男女得美名，夫妻順和合。

上品持我者，我與人中王，中品持我者，我與帝師，下品持持我者，富貴無窮已。恆欲相娛樂，無不充滿足，奴婢列成群，遊行得自在。隱顯能隨念，於入無所礙，無能測量者。

我於三界中，神力得自在，降世希有事，持我皆安穩，若有侵嬈者，頭身皆七分，壽命悉長遠，福祿自遷至。

因此本誓故，一切眾生若有修持聖天法門者，無論是求財富、得人敬愛、除疾病、障礙者，無不滿足。

⊙大聖歡喜天的形像

密教在印度興起時，此神爲佛教吸收入護法神體系之中，而稱之爲大聖歡喜自在天或毗那夜迦，位列胎藏外金剛部院北方及金剛界二十天之一。

關於此尊尊形，在胎藏界曼荼羅外院北方的歡喜天圖像，有雙身與單身二種傳圖，單身像爲象頭人身，而稍向左，鼻向外轉，右方的象牙折斷。此中，又有四臂、六臂、八臂的分別。四臂像右手執鉞斧、歡喜團，左手執棒與牙。六臂像則右手執棒、索、牙，左手執劍、歡喜團、轎。此外，也有手持金剛杵、荷葉與蘿蔔根者。其雙身像呈夫婦合抱站立狀，男天的臉靠在女天的右肩上，女天的臉靠在男天的右肩上，互相注視背部，二天手足皆柔軟端正。男天著赤色袈裟；女天頭繫華鬘，手足纏繞瓔珞。二天之尊形皆爲白肉色，著赤色裙，各以兩手互抱腰上。

在金剛界成身會等，則列於外金剛部，身呈白肉色，一手執蘿蔔根，一手捧歡喜丸，坐荷葉座。

依密教的說法，若持誦大聖歡喜天的咒語，不論求名遷官、求世異寶、求色美等皆得滿願，而病惱、劫賊等之災難亦可解脫，又得夫婦和合、求子必得、壽命長遠、福祿自在。關於聖天供的儀軌，詳載於《使咒法經》、《大使咒法經》、《金色迦那鉢底陀羅尼經》、《大聖歡喜雙身大自在毗那夜迦王歸依念誦供養法》、《大聖天歡喜雙身毗那夜迦法》、《毗那夜迦誐那鉢底瑜伽悉地品秘要》、《大聖歡喜雙身毗那迦天形像品儀軌》等經典中。但若欲降伏此天，則須修大威德明王法。

在日本，此神被視爲能令夫妻和合，且能授予子息的神祇。

⊙大聖歡喜天的種子字和真言

種子字：ग:（gaḥ）

大咒

曩謨① 尾那翼迦寫② 賀悉底母佉寫③ 怛儞野他④ 唵⑤ 娜翼迦娜翼迦⑥ 尾娜翼迦尾娜翼迦⑦ 怛羅翼迦⑧ 鉢哩怛羅翼迦⑨ 餉佉賀悉底⑩ 餉佉⑪ 迦只多⑫ 娑縛賀⑬

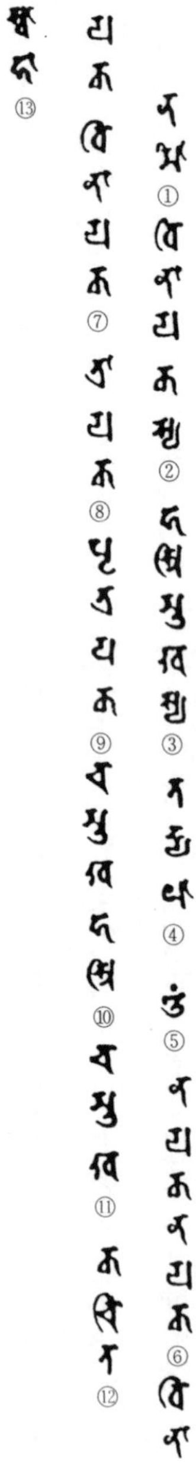

namo① vināyakasya② hastimukhasya③ tadyathā④ oṁ⑤ nayaka-nayaka⑥ vināyaka-vināyaka⑦ trāyaka⑧ pṛ trayaka⑨ ca-mukha-hasti⑩ ca-mukha⑪ kacita⑫ svāhā⑬

歸命① 障者的② 象面的③ 即說④ 歸命⑤ 誘導支配者⑥ 障者誘移者⑦

救護者⑧ 殊勝救者⑨ 及面象⑩ 及面⑪ 福聚⑫ 成就⑬

心咒

唵① 儗哩② 虐③ 娑縛賀④

oṁ① hrīḥ② gaḥ③ svāhā④

歸命① 儗哩（觀音種子）② 虐（歡喜天種子）③ 成就④

訶利帝母（鬼子母神）

訶利帝母為四天王眾之一，具大勢力，若欲求得貴人愛敬、婚姻順利、生產平安、祈求子嗣，皆可修持訶利帝母法。

【特德】

訶利帝母（梵 Hārīti），爲夜叉女之一。意譯又作「歡喜母」、「鬼子母」、「愛子母」。

關於鬼子母神的本生，在《根本說一切有部毗奈耶雜事》卷三十一中說其爲宿世惡願之故，其經常出現於王舍城，噉食幼兒，使城中人心惶惶，只好祈求佛陀救助。

佛陀於是運用巧妙的方法，使訶利帝了解父母失去孩子的痛苦，訶利帝聽聞佛陀的教誨，頓然悔悟，從此便依佛陀的教勑，不再危害世人。佛陀並囑咐其：「於佛法中，一切伽藍，僧尼住處，汝及諸兒應常於晝夜勤心擁護，勿令衰耗減損，令行者得安樂。」

同時佛陀也慈悲地允諾鬼子母，「於贍部洲所有我聲聞弟子，每於食次出眾生食，並於行末設食一盤，呼汝名字，并諸兒子，皆令飽食永無飢苦。」以免鬼子母及其子，不再食人幼子後，無食可食。

在《鬼子母經》中則說此母生有千子，五百子在天上，五百子在世間，千子皆為鬼王，一一王者從數萬鬼。

依《南海寄歸內法傳》所載，西方諸寺，每於門屋處或在食廚邊，塑畫母形抱一兒於其膝下，或五或三，以表其像。每日於前盛陳供食。其母乃四天王之眾，有大勢力。若有疾病、無兒息者，饗食薦之，皆可滿。

密教列此神於胎藏界曼荼羅之外金剛部院。以鬼子母神為本尊，所修的法為訶利帝母法，主祈求生產平安之修法。相關儀軌有不空所譯之《大藥叉女歡喜母并愛子成就法》與《訶梨帝母真言法》。

在日本，由於密教盛行，常為祈求安產而春祀訶利帝母像，因此訶梨帝母法頗為流行。其所祀形像多為天女像，左手懷抱一子，右手持吉祥果，姿態端麗豐

訶利帝母

盈。而在《法華經》〈陀羅尼品〉中，此女神則與十羅剎女共誓守護法華行者。

⊙訶利帝母敬愛法

在《白寶口抄》卷一百三十八中說修訶利帝法可得貴人敬愛，欲獲得貴人之歡喜，可取權貴之人門下之土，和以唾液，加持一百零八遍置於廁所中，貴人必定敬順歡喜。

如果欲得女人之敬愛，可以果子加持二十一遍，將此物給該女人吃，即可獲得其敬愛。

又說：「若有女子婚姻所求不順時可以灰作男子之形，加持一百零八遍（用前述之大咒印相），求婚之女子每天對灰人拜七次，其求婚之意即可達成。

而修持訶利帝母之法，亦可召回來遠在他方之愛人。

⊙訶利帝母（鬼子母）真言

唵①　努努摩哩迦　諦②　娑嚩賀③

oṁ① dundumālikāhite② svāhā③

歸命① 弩弩摩哩迦呬諦（頸飾青鬘的鬼子母神）② 成就③

迦樓羅（金翅鳥）

修迦樓羅法能速疾成就敬愛之法，得天、人眷屬、長官敬愛、隨順，名稱普聞於世，為悉地成就諸法中最勝者。

【特德】

迦樓羅（梵名garuḍa），漢譯有迦留羅、伽樓羅、迦婁羅、金翅鳥（suparna，蘇鉢剌尼）、妙翅鳥、食吐悲苦聲等名。是印度神話中之一種性格猛烈的大鳥，相傳爲毗濕奴天的乘騎。或說其出生時，身光赫奕，諸天誤認爲火天而禮拜之。在佛教裏，則是天龍八部眾之一。

迦樓羅最大特色是以龍爲食，在《觀佛三昧經》卷一中描述：有金翅鳥，名

迦樓羅

正音迦樓羅生，於諸鳥中快得自在，此鳥業報應食諸龍，於閻浮提日食一龍王及五百小龍，明日復於弗婆提食一龍王及五百小龍，第三日復於瞿耶尼食一龍王及五百小龍，第四日復於鬱單越食一龍王及五百小龍，周而復始經八千歲，此鳥爾時死相已現，諸龍吐毒，無由得食。」

由於迦樓羅性格勇猛，因此密宗乃以之象徵勇健菩提心，或視之爲梵天、毗紐天、大自在天或文殊菩薩的化身。如《迦樓羅及諸天密言經》中就記載：「大梵天、毗紐天、大自在天王愍衆故，化成此身，居此妙高山側金山之內，淡水海傍。」復說「地、水、火、風、空五大之神而所共成。」而在胎藏曼荼羅中，此尊則位列於外金剛部院。以迦樓羅爲本尊，爲除病、止風雨、避惡雷、得敬愛、召喚龍蛇等而修的秘法，謂之「迦樓羅法」，或稱「迦樓羅大法」。

依《迦樓羅及諸天密言經》所載，凡持此法門，天上天下皆能過，不唯衆人冤敵及鬼神均不敢近，又爲悉地成就諸法中之最勝者。又據《覺禪鈔》迦樓羅法諸軌記載，修此法可得末法利益速疾靈驗，不但於敬愛法速疾成就，尚有成一切寶鳥王心成寶珠，行人得龍宮寶、得天上甘露、得財寶，降雨雪、龍王來、除蛇

迦樓羅

難、散軍陣、伏怨家、除病患、喚遠所人、召魚類等種種殊勝功德。

據《迦樓羅王及諸天密言經》記載，若欲修行迦樓羅法，先應作此言：「善哉壇，其法當驗。」於大海側或有龍水處，先如法治地，以牛糞摩之，正方四肘，而開四門，用佉陀羅木橛四枚，長一握以「唵」或「娑」字加持三遍，用釘四角內半等許釘之令沒，遂成結界。

然後用五色畫界道，其界外青，次內赤、次黃、次白，內黑。其五色界道各闊半寸許，相鄰次塗之。當中畫迦樓羅王，其像正面首北，通身金色。其八龍王及諸天，并金山、淡水海，並須如次後，畫像法盡之，仍布時花，次青色界道外四角各置一瓶。瓶須纏以雜綵，滿盛清水，瓶口插時花，取四杵銀盞，盛須酪、香水、牛乳。於四門內任意布之。南門次於盞外置爐，燒香供養。於此壇南二尺外，牛糞摩一方地，徑二肘充火壇，亦可穿爐。用娑銘那迦（去）瑟多（唐云棘。是有酸棗者）長一肘截之充作薪材。行者於火壇南座，一稱「唵」一進，蘇蜜酪相和，於中一千八遍即成悉地。諸天敬禮，本尊加護，一切事法當獲大驗。

而在《文殊師利菩薩根本大教王經》〈金翅鳥王品〉也說有此尊曼荼羅畫法

及供養法爲：於河岸側，五色粉建立六肘曼荼羅，畫八枚八葉慈悲，中央畫像作說法相，佛右以粉畫大聖文殊師利菩薩，作合掌瞻仰佛相；佛左畫那羅延天，四臂持四種幖幟器仗；近那羅延，畫金翅鳥王，作極可畏恐怖形；近金翅鳥王，畫阿盧拏天，於大聖文殊後，畫無慧菩薩及善財童子、須菩提。合掌而住。如是名爲中壇。次壇東外院，以白灰撚畫金剛杵，左邊以炭末畫劍，北邊以黃畫棒，西邊以赤畫羂索，如是外院置曼荼羅。

畫已，四邊應以三甜食而供養之，於其壇上散種種花及種種塗香、末香，及置閼伽賢瓶滿盛香水，燒安悉香。誦根本真言請一切聖眾。對此壇前應作護摩爐，以無煙炭燃火，以佉陀羅木投之，於一切有情起大慈心，作龍座而坐（帖膝坐也）用蛇刺木榓三甜（酪蜜酥）投於爐中，一千八遍，即成就相見，即有眾蛇來集。即獻閼伽（香水），當知真言法成。應誦真言作是願言：「願真言法得悉地。」即誦根本真言發遣。以閼伽水，隨誦真言濺灑所有供養食飲、花、香，擲於河水中。從此已後所作鉤召、禁止一切毒類，隨誦成就。

《文殊師利菩薩根本大教王經》〈金翅鳥品〉同品中又說有種種迦樓羅敬愛

、鉤召成就法：「

又法，若令男女互相敬愛者，以白芥子和酥護摩二十一遍即相敬順。

又法，欲令王敬愛者，以乳粥護摩二十一遍即得隨意。

又法，以蘿蔔子擣，和油麻油燒，此是鉤召速疾香法。

又法，以油麻和白芥子，護摩七夜，稱彼人名即得敬愛順伏。

又法，鹽芥子相和，護摩一千十遍，日三時，滿七日得大人敬愛。

又法，以油麻、粳米、酥相和燒，誦真言加持，得女人敬愛。

又法，泥作金翅鳥形，安自手合掌中，入水可至胸，於中夜時稱彼人名，念誦一百八遍即成敬愛。

又法，以粳米於尸林中散卻，拾取。每取一粒誦真言一遍，打金翅鳥心上，即得官，榮祿并眷屬總得。

又法，以毒婆羅得和蜜燒，皆得敬愛。

又法，以波羅奢蘭香子摩難那藥花和燒，即成敬愛。

又法，欲求敬愛者，以優曇鉢木作像，對前念誦即成敬愛。

又法，以安悉香、酥和三果漿，燒念誦，一切人皆敬愛。

又法，以零陵香、天竺桂、蘇合平，此三種和燒，念誦，令一切人應順，皆奉教命。

又法，以酥合白檀、龍腦并安善那藥燒，念誦，貴人歡喜。

又法，於銀像前念誦，求名稱普聞。」

又說，修迦樓羅法時，「凡所作法，爲多人利益、匡護國界、護持佛法，發如是心者，少用功力，速疾成就。獲得無量廣大功德，此法甚深，極須珍敬，此法一切金翅鳥法中，爲王最爲殊勝。」

迦樓羅之形像有多種，印度山琦遺蹟中之迦樓羅僅爲單純之鳥形，然傳於後世之形像則大多爲頭翼爪嘴如鷲，身體及四肢如人類，面白翼赤，身體金色。

而在《迦樓羅及諸天密言經》中也記載了迦樓羅畫像法：

畫迦樓羅像者，應肘量，㵒善圖畫之。畫師於畫像前應清淨沐浴。色不用皮膠作顏料。當作尊儀，其身分自臍已上如天王形，唯鼻若鷹嘴而作綠色，自臍已下亦如於鷹蠡駱，寶冠，髮髻披肩，臂腕皆寶冠，著環釧、天衣、瓔珞，通身金色，翅如鳥而兩向舒，其尾向下散。四臂中二正手結大印，兩手指頭相交左押右，虛心合掌，以印當心；餘二手垂下，舒五指施願勢。

其嘴脛及爪皆是綵金剛寶所成。金山上有一金架，金架上覆以錦衾，本尊於衾上正立作忿怒形，形露出牙齒，以傘覆之，首有圓光而戴寶冠，面上當中有佉數(合二)字，左耳中有囉佉森(合三)字，右耳中有囉佉數(合三)字，額有唵　沙(合二)字，左乳次上近肩有佉使(合二)字，右乳次上近肩有跛字，臍有羂索(合二)，左膝娑縛字，右膝賀字。此十字此畫像畢，任以黑書之，若不通達梵文者，亦可不必書字。

依佛典所載，迦樓羅的翅肪是由眾寶交織而成，所以又稱金翅鳥或妙翅鳥。這種鳥的軀體極大，兩翅一張開，有數千餘里，甚至於數百萬里之大。《經律異相》卷四十八中說，此鳥所扇之風，若入人眼，其人則失明。《菩薩從兜術天降神母胎說廣普經》卷七又載，金翅鳥王身長八千由旨、左右翅各長四千由旬。

⊙迦樓羅種子字、真言

種子字：（ga）

【真言】

曩莫① 三滿多② 沒馱南③ 阿鉢羅底賀多④ 捨薩那南⑤ 怛儞野他⑥ 唵⑦
捨句那⑧ 摩訶捨句那⑨ 尾旦多⑩ 跛乞叉⑪ 薩縛⑫ 跛曩誐娜迦⑬ 佉佉佉呬
佉呬⑭ 三摩野摩如薩摩羅⑮ 吽底瑟姹⑯ 冒地薩怛舞⑰ 枳孃⑱ 跛野底⑲ 娑
縛賀⑳（〈金翅鳥王品〉）

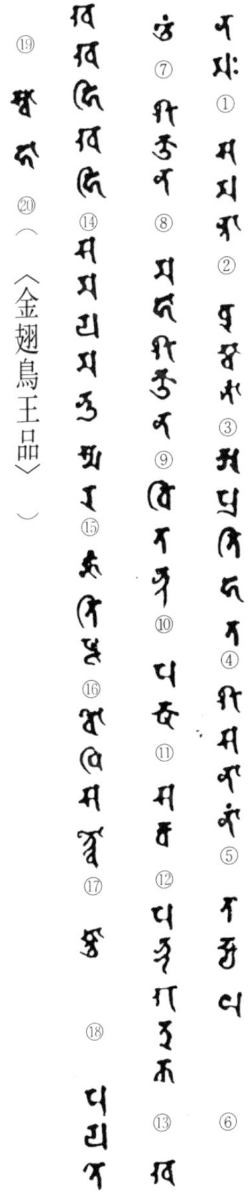

（〈金翅鳥王品〉）

namaḥ① samanta② buddhānāṁ③ aprati-hata④ śāsannā
m⑤ tadyatha⑥ oṁ⑦ śakuna⑧ mahāśakuna⑨ vitanta⑩ pakṣa⑪ sarva
⑫ panna-gaḍaka⑬ kha-kha-khahi-khahi⑭ samaya-manusmara⑮ hūṁtiṣṭ
a⑯ bodhi sattvo⑰ jñā⑱ payate⑲ svāhā⑳

歸命① 普遍② 諸佛③ 不所妨礙者④ 殺害之所爲⑤ 即說⑥ 歸命⑦ 鳥⑧
大鳥⑨ 擴掩⑩ 羽翼⑪ 一切⑫ 匍地者（龍蛇）⑬ 佉佉佉呬佉呬（鳥之音聲）
⑭ 憶念本誓⑮ 奮起⑯ 覺有情⑰ 智慧⑱ 動⑲ 成就⑳

心眞言

唵① 枳悉波② 娑縛賀③
𑖌𑖼① 𑖎𑖿𑖬𑖰𑖢② 𑖭𑖿𑖪𑖯𑖮𑖯③
oṁ① kṣipa② svāhā③
歸命① 搏擊② 成就③

唵① 波枳悉② 娑縛賀③
𑖌𑖼① 𑖢𑖎𑖿𑖬𑖰② 𑖭𑖿𑖪𑖯𑖮𑖯③
oṁ① pakṣi② svāhā③
歸命① 羽翼② 成就③

講佛經 01

如觀自在—千手觀音與大悲咒的實修心要（增訂典藏版）

洪啓嵩 著 / 精裝 / **NT$680**

大慈大悲觀世音菩薩，出生千手千眼救度眾生，而大悲咒正是其靈驗不可思議的神咒。本書詳解大悲咒十大心要，及千手觀音的形象及持物秘義、並總攝為實用的修持法軌，幫助學人入於觀音大悲心海，獲致無上守護！

佛教小百科 11

觀音寶典

全佛編輯部 著 / 平裝 / **NT$320**

介紹諸佛菩薩及諸天護法中，福德特性特別顯著的本尊與財神，並詳述其特德、圖像、修持法門及觀音相關的經典等，讓讀者能全方位了解觀世音菩薩，入於菩薩大悲心海。

守護佛菩薩 05

觀音菩薩—大悲守護主

（附大悲咒梵音、藏音教唸CD）

全佛編輯部 著 / 平裝 / **NT$280**

本書介紹觀音菩薩及其各種無畏的廣大濟度與感應事蹟，並說明了如何祈請觀世音守護的方法，並特選觀音的重要經典〈心經〉、〈普門品〉、〈耳根圓通章〉白話語譯以及各種觀音圖像及插圖，讓讀者輕鬆地學習觀音法門。

談錫永作品 06

觀世音與大悲咒（修訂版）

談錫永 著/ 平裝 / **NT$190**

本書詳說觀世音菩薩的名號及來源，並綜述各種觀音應化身相的典故。作者更分享自身的經歷，並解說如何誦讀《大悲咒》正音，及如何修持大悲咒水，並附觀音像圖片及四十二觀音手印圖，讀者可因應所求之事而修持，極具實用價值。

全佛文化白話佛經系列

白話華嚴經　全套八冊

國際禪學大師　洪啟嵩語譯　定價NT$5440

八十華嚴史上首部完整現代語譯！

導讀 ＋ 白話語譯 ＋ 註譯 ＋ 原經文

《華嚴經》為大乘佛教經典五大部之一，為毘盧遮那如來於菩提道場始成正覺時，所宣說之廣大圓滿、無盡無礙的內證法門，十方廣大無邊，三世流通不盡，現前了知華嚴正見，即墮入佛數，初發心即成正覺，恭敬奉持、讀誦、供養，功德廣大不可思議！本書是描寫富麗莊嚴的成佛境界，是諸佛最圓滿的展現，也是每一個生命的覺性奮鬥史。內含白話、注釋及原經文，兼具文言之韻味與通暢清晰之白話，引領您深入諸佛智慧大海！

佛教小百科16

《令具威德懷愛本尊》

主　編　洪啟嵩
執行編輯　彭婉甄、劉詠沛、吳霈媜、莊慕嫺
封面設計　張育甄
出　版　全佛文化事業有限公司
訂購專線：(02)2913-2199
傳真專線：(02)2913-3693
發行專線：(02)2219-0898
匯款帳號：3199717004240 合作金庫銀行大坪林分行
戶　名：全佛文化事業有限公司
http://www.buddhall.com
門　市　新北市新店區民權路88之3號8樓
門市專線：(02)2219-8189
行銷代理　紅螞蟻圖書有限公司
台北市內湖區舊宗路二段121巷19號（紅螞蟻資訊大樓）
電話：(02)2795-3656
傳真：(02)2795-4100
初　版　二〇〇〇年七月
二版一刷　二〇二一年八月
定　價　新台幣三二〇元

國家圖書館出版品預行編目資料

令具威德懷愛本尊 / 洪啟嵩主編.
-- 初版. -- 新北市：
全佛文化事業有限公司, 2021.08
面；　公分. -- (佛教小百科；16)
ISBN 978-986-98930-6-0(平裝)

1.菩薩　2.佛教修持
229.2　　109022047

Buddhall

Published by BuddhAll Cultural Enterprise Co.,Ltd.

BuddhAll

BuddhAll.

All is Buddha.

BuddhAll